JN115155

要点マスター！

面接 &
エントリーシート

マイナビ

はじめに

　はじめまして。就職アドバイザーの才木弓加です。私は15年以上にわたり、多くの就活生を指導してきました。その経験から、私が伝えたいことが二つあります。

　まず、就職活動の面接では、自分がどのような人間で、どのような特徴や良さがあるかを理解してもらうことが必要だということです。そのためには、まずは自分の特徴や良さを自分自身で知らなければいけません。つまり、事前準備がとても大切なのです。準備さえできていれば、面接はそれほど難しいものではありません。

　二つ目に伝えたいことは、「面接は聞かれたことを答える場ではない」ということです。面接ではどのような質問をされても、それを通じて、自分にはどのような特徴や良さがあるかを伝えなければいけません。そうすれば、必ず面接担当者に自分自身を理解してもらうことができるはずです。

　本書では、そんな面接でのコツやノウハウを分かりやすく解説しています。また、面接担当者の質問の意図を理解することで、あなたの特徴や良さを効率的に伝えられるようになることを目指しています。

　内定獲得まで、あきらめずに粘り強く頑張ってください。皆さんの就活を応援してます！

才木弓加

目 次

第3章 面接の本番編

第5章 企業に関する定番質問編

第6章 時事問題に関する定番質問編

第7章 意図が分かりづらい定番質問編

CHAPTER 1
第1章

 面接の心得編

まずは、
"面接の心得" にまつわる
常識・非常識を解説しましょう。
そもそも面接とは何か、
面接の本当の目的とは何なのか。
面接に臨む前の、
基本中の基本をレクチャーします。

就活生の考え方として正しい（常識的な）ものには 😊✓
間違っている（非常識な）ものには 😞✗ を記しています。

01

面接では、
"聞かれたこと"を答える

非　面接は聞かれたことだけを答える場ではない。自分の"特徴"や"良さ"を伝える必要がある！

解説

　面接は、面接担当者に自分がどんな人間であるかを伝える場です。そのため、あらゆる質問に対して「私には○○な特徴や良さがあります」と伝わるように答える必要があります。例えば、「あなたの趣味は何ですか？」という質問に対して、「旅行です」と答えるだけでは不十分。「旅行です。私は好奇心旺盛なので、未知の世界を実際に見てみたいと思っているからです」と、趣味の内容だけでなく、自分の"特徴"や"良さ"を盛り込むことが大切です。面接で聞かれる質問は、「学生時代に打ち込んだことは？」から「あなたを動物に例えると何？」まで、種類はさまざまですが、答えなければいけないのは「私は○○な人間です」という、たった一つのことだと覚えておきましょう。

02 面接では、自分の短所や欠点を隠さなければならない

非 短所を隠すとボロが出てしまう恐れがある。就活では自分の短所とも向き合うことが大切。

解説

「短所を話したら、面接で不利になりそう」と考える学生がいますが、それは間違い。短所や欠点を隠そうと取り繕うと、面接が進む中で矛盾が生じてしまうことがあります。短所や欠点は、誰にでもあるもので、長所と短所は表裏一体とも考えられます。例えば、大らかで細かいことを気にしない人は、大ざっぱだったりします。だから、「あなたの短所を教えてください」という質問にも、素直に答えましょう。そして、短所に対しての改善策やフォローのために行っていることも、一緒に話すことが必要です。また、自分の短所をしっかり把握すると今後の課題が見えてくるなど、自分自身をより深く知ることもできるので、"自己分析"で短所と向き合うことは大切です。

質問に答えるときは、常に自分の"特徴"が伝わるように話す

常 日記のようにエピソードを語るだけではダメ！体験から得た"学び"や"成長"を盛り込もう。

解説

面接でよく聞かれる質問が、「学生時代に打ち込んだことは？」。このような質問に対する回答では、具体的なエピソードや体験談を盛り込む必要があります。しかし、中には日記のように、ただエピソードの内容を話すだけの学生がいます。それでは自分自身をアピールできません。エピソードや体験談を話すときは、"どのようなことを学び、成長できたか"という部分も一緒に話すようにしましょう。そうすると、あなたの"人間性"を面接担当者により深く伝えることができます。面接では、「私は○○な人間です」を伝えることが重要なので、"特徴"や"良さ"を伝えることが必須です。そのためには、"自己分析"を通して自分自身を知ることが不可欠です。

面接突破のためには、
特別な対策をした方がいい

非　“自己分析”と“企業・業界
研究”をしっかり行い、等身
大の自分を表現することが大切

解説

　特別な対策は必要ありません。やるべきことをしっ
かり行っている学生には、自然と結果がついてきます。
やるべきことは大きく分けて２つ。“自己分析”と“企
業・業界研究”です。この２つをしっかり行い、自分
の軸を固めることが重要です。“自己分析”は、まず
中学・高校・大学時代に打ち込んだことを振り返って
みましょう。３つの時代の共通点を探し出すことで、
あなたの“特徴”が見えてくるはずです。面接ではそ
んな自分の“特徴”を素直に表現することが大切です。
背伸びしたり、見栄を張れば、必ず面接担当者に伝わっ
てしまいます。“企業・業界研究”は、OB・OG訪問
や志望する企業の店舗があれば足を運ぶなどして、情
報収集することが大切です。

05
面接を受ける前に、志望順位を決めなくてはならない

😣非

最初から志望順位を決める
必要はない。どの企業も"第
一志望"のつもりで受けよう。

解説

　最初から志望順位を決める必要はありません。志望
順位を決めてしまうと、選択肢や可能性を狭めてしま
う恐れがあります。就活を行っていく中で、選考が進
み、より企業を深く知ってから、どこに行きたいかを
決めても遅くはありません。また、やりたい仕事がほ
かの企業や業界でもできることに気づく場合も多いで
しょう。まずは、順位などをつけずに、大きな視野を
持って企業を見ていくことが大切です。また、面接を
受ける際に、「第三志望くらいかな」というつもりで
受けると、やる気もあまり出ませんし、面接担当者に
も熱意ややる気の度合いを見破られてしまいます。ど
の企業でも、面接を受けに行く時点で、「ここが第一
志望だ」という意識を持って挑むことが大切です。

06 エントリー数は、20社くらいで十分だ

非 エントリーは内定のチャンスをつかむきっかけ。少しでも興味があればエントリーすべき！

解説

　エントリーは選考の最初の入り口であり、その企業に興味があるという意思表示につながる大事なステップです。すべての選考がスムーズに進むとは限りませんし、選考途中で志望していた企業ややりたいことに変化が生じる場合もあります。より多くのチャンスを作り、可能性を広げておくという意味でも、エントリー数は多い方がいいでしょう。少しでも関心のある企業には、エントリーしておくことをオススメします。近年では、だいたい70社程度にエントリーするのが平均だと言われています。エントリーは、就職情報サイトで行う企業もありますし、自社サイトで行う企業もあります。企業によって募集期間なども異なるので、時期を逃さないように注意しましょう。

07

志望度の高い企業にだけ、エントリーする

就活は自分と合う企業を見つけ出すチャンス！ さまざまな企業を見ることが大切。

解説

　志望度が高い企業があっても、そこだけというのはオススメできません。選考がうまく進めばいいのですが、そうなるとは限らないため、選択肢は多いに越したことはありません。選択肢が多いと、企業を比較して、自分に合った企業を探すこともできます。就活を進める中で、それまでは興味を持っていなかった企業が、自分に合っているという発見があるかもしれません。可能性を狭めないためにも、少しでも興味のある企業にはエントリーしてみましょう。今の段階で志望企業がある場合は、同業他社にエントリーするのも良いでしょう。同業他社との比較によって分かる違いが、志望企業の良さに気づくきっかけになったりするので、志望動機をより深くすることにもつながります。

08

志望する業界にだけ、
エントリーする

やりたい仕事と合致する業界を見つけるためにも、業界にこだわらず広い視野で社会を見よう！

解説

　最初から業界を決めてしまわず、いろいろな業界を見た方が良いでしょう。例えば、金融業界に就職したい場合、金融業界でどのような仕事をしたいのかを考えてみましょう。その仕事が、金融業界でなければできない仕事かどうかということを知る意味でも、ほかの業界にも目を向けることが大切です。社会は、さまざまな業界がかかわり合ってできています。やりたい仕事ができるのが、実際はほかの業界だったと気づくこともあるかもしれないので、業界にこだわりすぎず、まずは広い視野で見るようにしましょう。そうすれば、きっと自分のしたい仕事と合致する業界や企業が見えてくるはずです。就活は、多くの業界を見ることができる貴重な機会なので、大切にしましょう。

09

「自分は有名大学では ないから…」と、 面接を受ける前からあきらめる

非 企業が見るのは"学歴"で はなく"人間性"。"特徴"や"良 さ"をしっかり伝えることが大切!

解説

　学歴を過度に気にする学生も少なくありませんが、そこまで意識する必要はありません。面接担当者が重視しているのは、学歴ではなく学生の"人間性"だからです。つまり、学生次第で結果は変わってくるのです。そもそも、最近さまざまな企業で導入されているSPI試験を通過できるかどうかに学歴は全く関係ありません（もちろんSPI試験対策は必要です）。大切なのは、"自己分析"や"企業・業界研究"をし、社会の仕組みを知ることです。それらを通して、自分の"特徴"や"良さ"をしっかり理解しているか、企業でその"特徴"をどう発揮できるか、自分の意見を持っているかを、面接担当者に伝えることが重要なのです。伝え方次第で、良い結果を得ることができるでしょう。

「友達が受けるから」と、周りに流されて面接を受ける

非　就活はあくまで"自分主体"で行うもの。自分の将来をしっかり見据えて活動しよう！

解説

　就活は自分自身のために行うものです。また、新卒採用は一生に一度しかないからこそ、自分が本当にやりたい仕事ができる企業に入ることを目標にしないともったいないのです。友達に流されて企業を決めるというのは、自分の将来を自分の意思で決めないということになってしまいます。自分が将来何をやりたいのか、どんな職業に就きたいのかを考えながら、主体性を持って動くことが就活では不可欠なのです。そのことを念頭において、活動をするようにしましょう。もちろん、友達が説明会に行っている姿を見て、自分も合同説明会に一緒に行くようになったなど、友達の頑張りに感化されて、本気で就活に取り組み始めたという影響の受け方なら、問題ありません。

to:	才木先生
from:	就活生　村田タカヒロ

件名: 就活ってしなきゃダメですか?

　周囲は就活を始めているようですが、ボクには就活をする意味が分かりません。アルバイトや派遣でも仕事はできるし、正社員でなければいけない理由は何でしょうか? また、"働くことの意味"についても、答えが分からず悩んでいます。

to:	就活生　村田タカヒロ
from:	才木先生

件名: 新卒採用は人生に一度のチャンス!

　夢を実現するため、お金を稼ぐためなど、働く目的は人それぞれです。村田くんが、5年後、10年後にどのような働き方をしたいか、また夢や目標があるのであれば、実現させるためにはどうすればよいかを考えてみましょう。その中でも、新卒採用は人生に一度のビッグチャンス。一度に多くの企業を見ることができるので、そこから本当にやりたいことや興味を持てることが見つかる場合もあります。つまり、自分の可能性を探るチャンスでもあるのです。できれば、このチャンスを無駄にしてほしくないなと思います。まずは、就活を始めてみてください。

第2章

常識 非常識 面接の準備編

面接の基本が分かったら、
続いては"面接準備"へ。
事前に用意しておくもの、
考えるべきことなど、
"面接準備"の常識・非常識を
学んでいきましょう。

就活生の考え方として正しい（常識的な）ものには 😊㊣
間違っている（非常識な）ものには 😣㊓ を記しています。

01 エントリーシートでは、自分のこれまでの経験をたくさん書く

非　エピソードは羅列すれば良いわけではない！"本当に打ち込んだこと"を書こう。

解説

　自分をアピールするには、具体的なエピソードを書くことは大切です。しかし、エピソードをたくさん羅列すれば良いというものではありません。"本当に打ち込んだこと"のエピソードを中心に書きましょう。もし、エピソードがいくつかある場合は、エントリーシートではサークルのこと、面接ではアルバイトのことなど、分けて話すと良いでしょう。複数のエピソードで同じ"特徴"が伝えられると、一貫性が出て、より説得力が増します。また、エピソードをアピールするわけではないので、日記のように出来事を書くだけではダメ。「打ち込んだことは？」という質問なら、エピソードとともに"打ち込んだ理由"や"経験から学んだこと"を盛り込むことが大切です。

①② エントリーシートでは、アピールできる資格がないと不利になる

非 資格があるかどうかは影響しない。取得やチャレンジするまでの"過程"をアピールしよう！

解説

　就活では、何かの資格を持っていると有利というわけではありません。就活における資格は、持っていることよりも、"取得するまでの過程"や"チャレンジするまでの過程"が重要なのです。努力して取得した資格であれば、資格そのものではなく、取得までの過程や努力のエピソードを、アピールすると良いでしょう。例えば、TOEICで550点だったとしても、「少しでもTOEICの点数を上げたいと思い、1カ月間猛勉強して、250点から550点に上げることができた」など、努力したエピソードで自分の特徴や良さを伝えられます。面接は、すごいことを自慢する場ではありません。自分が頑張ってきたことを具体的に、根拠とともにアピールしましょう。

03 エントリーシートで 書くことがない質問には "なし" と書いてもよい

エントリーシートは自分を 理解してもらうためのツール。 スペースはすべて自己アピールに使う！

解説

　エントリーシートで厳禁なのが、空欄を作ることです。エントリーシートは"企業に自分を理解してもらうため"の第一歩であり、自分をアピールするためのツールです。そのため、与えられたスペースを使って、存分に自分自身のアピールを行うべきなのです。また、"書くことがない質問"はないはず。例えば、「学生時代に打ち込んだことは？」なら、ささいなことであっても、必ず誰にでもあるはずです。「短所は？」という設問では、正直に書くと不利になると思い「ありません」と書く学生がいますが、かえって不自然になってしまいます。短所は誰にでもあるものなので、正直に書くことで、面接担当者に「自分のことを分かっているんだな」と理解してもらえます。

企業によって、
志望動機の内容を変える

企業によって志望動機が変わるのは当然！「この企業だからこそ」の動機を見つけよう。

解説

　企業によって、特徴や働き方が違うので、「志望動機」が変わるのは当然です。しかし、「お客様を第一に考えたサービスを提供しているからです」など、どんな企業にも当てはまるような回答をする学生も少なくありません。「この企業だからこそ」という回答をするには、"企業研究"はもちろん、"自己分析"も必要です。"自己分析"から、自分が重きを置いていることが見えてくれば、企業選びの軸や方向性が見えてきます。また、企業の"特徴"を知り、自分のアピールポイントと合わせて考える中で、その企業の中で自分がどう活躍できるかが見えてくるはずです。ちなみに、「自己PR」など、自分の"人間性"に関する部分は、企業によって変える必要はありません。

05
面接前には、
自分が提出した
エントリーシートを読み返す

😊常 事前のエントリーシートの
確認は基本中の基本！ あらか
じめ質問や回答を想定しておこう。

解説

　エントリーシートを読み返すのは、面接準備の基本
です。エントリーシートは、面接の数週間前に書いた
ものである場合が多いはずです。そのため、何を書い
たかを改めて確認することは必須です。また、あらか
じめ面接で聞かれそうなポイントを想定し、どう答え
るかを頭の中で整理しておくことも大切です。面接で
の代表的な質問は、"自己PRに関するもの"と"志
望動機に関するもの"です。ほとんどのエントリーシー
トで聞かれることと同じです。"自己PRに関連する
もの"は「打ち込んだことは？」「あなたの長所は？」
など、"志望動機に関するもの"は「企業選びの基準
は？」などが挙げられます。ある程度、どんなことを
話すか考えて、整理しておくと良いでしょう。

会社説明会に出なくても、
面接は突破できる

非　説明会は企業について知る
　ことができる場。あらかじめ
下調べして行くと疑問も解決できる。

解説

　説明会は、「必ず出ないと受からない」というわけ
ではありませんが、企業の方針や社風が直接感じられ
る貴重な場です。また、企業が個別に開催する説明会
は、エントリーが必要だったり、選考に進む第一段階
ということもあるので、注意しましょう。説明会に行
くときは、事前に企業のことを下調べして行くように
しましょう。新しい情報を得るというよりも、事前の
情報収集で足りない部分はないかを確認したり、疑問
点の解決に重点を置くことが大切です。また、企業の
社屋などで行われる場合は、企業に出入りする人や社
員の様子、服装、フロアの雰囲気などを観察すると、
HP やパンフレットだけでは見えない、実際の企業の
雰囲気や傾向が見えてきます。

07

合同説明会で、
面接に必要な情報を収集する

合同説明会は多くの情報を
収集できるチャンス！　事前
の計画と能動的に動くことが大切。

解説

　合同説明会への出席は、"企業・業界研究"にとて
も役立つ手段の一つです。実際に企業の人事担当者の
話を聞けるので、活字からの情報だけでなく、自分が
聞きたい情報が引き出せる機会だからです。ただ、当
然"行くだけ"では何の意味もありません。効率的に
情報を収集するために、出展企業や会場のマップを事
前に確認し、計画を立てることが大切です。会場でじっ
くり話を聞ける企業は4〜5社くらいかもしれませ
んが、話は聞けなくてもパンフレットを集めたり、ブー
スや人事担当者から企業の雰囲気をつかんだり、志望
企業の同業他社の話を聞くなど、できることはたくさ
んあります。また、知らなかった企業や業界を知るこ
とができるのも、合同説明会のメリットです。

08 インターンシップに 参加しないと、 就活では不利になる

😊 常 ── インターンシップに参加することで後の就職活動がスムーズに進むことが考えられる。

解説

「インターンシップ」という名の下に、様々な目的・形態・期間等のプログラムが実施されていましたが、インターンシップと新卒採用の現状を踏まえて、本部科学省、厚生労働省、経済産業書の三省が合意のもと、定義変更がなされました。産学協議会によってインターンシップを核とした「学生のキャリア形成支援活動」は内容や目的によって、4つのタイプに分類されました。その中で、タイプ3の汎用的能力・専門性活用型インターンシップで取得した情報を採用活動開始以降、使用することが可能になりました。就職活動でチャンスを逃さないためにも、積極的に応募することをおすすめします。

09

面接を突破するには、
OB・OG訪問が必要

OB・OG訪問は企業の実情を聞ける貴重な機会。まずは積極的にOB・OGを探してみよう!

解説

OB・OG訪問をして損はありません。なぜなら、その企業で働く人の生の声が聞けるチャンスだからです。企業のHPやパンフレットに書かれていることは、誰でも手に入れられる情報です。しかし、OB・OG訪問では、実際に働いている人にしか分からない実情が聞けます。これは、「志望動機」を考えるうえで、とても貴重な情報になります。OB・OG訪問をするには、まずは身近な人から関係をつなぎ、志望業界で働いている人を探してみましょう。どうしてもいない場合は、合同説明会などで企業の人と話し、あとで話を伺えないか聞いてみましょう。その際、第一志望の企業にこだわることはありません。同業他社であれば業界の話は十分に聞くことができます。

10

OB・OG訪問では、
先輩の話をただ聞けばいい

非 自分から積極的に質問して
情報を収集しよう。そのため
には事前の準備が必要不可欠!

解説

　受け身の姿勢では、せっかくの貴重な機会がもった
いないので、自分から積極的に質問しましょう。その
ためには、事前の準備が不可欠。企業のHPやパンフ
レット、新聞などを読み込み、そのうえで分からない
ことを先輩に聞いてみましょう。例えば、「新入社員は、
どの程度の仕事をさせてもらえるか」といったことで
す。ほかには、先輩がどんな働き方をしているか、聞
いてみると良いでしょう。同じ業界の同じ職種でも、
企業によって働き方が違う場合があり、あなたの希望
に近い企業がどこかを判断する材料になります。また、
どんな就活をしていたかも聞きましょう。先輩は、自
分の志望企業の内定をもらった人です。その先輩の経
験から、自分のするべきことが見えてくるでしょう。

11

"打ち込んだこと"がないと、面接突破はできない

"打ち込んだこと"は自己アピールに必須！ ありふれた内容でも十分自分の良さは伝わる。

解説

　"打ち込んだこと"は自己アピールに必要不可欠です。なぜなら、打ち込んだことから、あなたの"人間性"が見えてくるからです。まずは、中学・高校・大学、それぞれで打ち込んだことを振り返りましょう。「打ち込んだことがない」と悩む学生も少なくありませんが、打ち込んだことがない人はいないはずです。「特別なことじゃないといけない」という思い込みは捨てましょう。普段の何気ない経験で良いのです。例えば、「車を買うためにアルバイトを頑張り、大学在学中に車を買った」という学生なら、「アルバイトに打ち込んだ」と言えます。アルバイトでもサークルでも趣味でも、本気で打ち込んだことには必ず理由があり、十分自己アピールにつなげられます。

12

"打ち込んだこと"は
長期間やったことでないとダメ

「長く続けたから良い」わけ
ではない！"本気で打ち込ん
だかどうか"が何よりも重要。

解説

「打ち込んだ期間が長いものこそ、自己アピールに
なる」と考える学生がいますが、長ければ良いという
わけではありません。たしかに、長く続けたことは実
績として評価されることですが、それが自分の意志と
は関係なく続いていたり、ダラダラなんとなく続けて
いたことでは、何の意味もありません。たとえ期間は
短くても、本気で自分の意志で打ち込んだことをア
ピールすべきなのです。例えば、打ち込んだことが学
園祭実行委員の場合、期間は2～3カ月くらいと短
いかもしれませんが、自分の意志で取り組んだのであ
れば、自己アピールになります。本気で打ち込んだこ
とからは、面接担当者に自分を理解してもらうための
"人間性"が見えてくるはずです。

13

企業・業界研究をしなくても、面接は突破できる

非 志望動機を練り上げるために必要不可欠！ 最初は業界を絞らずにさまざまな業界の研究をしよう。

解説

　"企業・業界研究"は「志望動機」を練り上げるうえで欠かせません。「志望動機」は相手の企業あってこそなので、自分の考えだけで作ることはできないはずです。また、さまざまな業界や企業を調べ、自己分析と照らし合わせる中で、やりたい仕事や働き方ができる企業が見えてきます。注意すべきなのが、最初から業界を絞らないこと。広い視野でさまざまな業界を見てみることです。就活が進む中で、やりたい仕事が志望していた業界とは別の業界でもできると気づくことも多いのです。"企業・業界研究"はHPやパンフレットだけでは不十分。会社説明会はもちろん、OB・OG訪問をしたり、志望企業が運営する店舗を訪ねるなど、自分の足を使って情報を収集しましょう。

自己分析をしなくても、
面接は突破できる

相手に自分を伝えるために
は、自分を理解すべし！　まず
は過去に打ち込んだことを振り返ろう。

解説

　"自己分析"は就職活動の要です。面接では、あな
たがどんな人間であるかを、面接担当者に理解しても
らわなければいけません。他人に自分を理解してもら
うためには、まずは、自分で自分の特徴や良さを知る
ことが必要です。そのためには、"自己分析"が必要
不可欠なのです。自己分析の方法としては、中学・高
校・大学と、それぞれ打ち込んだことを振り返りましょ
う。そのときに、「なぜ打ち込んだのか」「壁にぶつかっ
ても頑張れたのはなぜか」という"打ち込んだ理由や
根拠"を一緒に考えましょう。それぞれの"理由"の
共通点から、あなたの"特徴"や"良さ"が見えてく
るはずです。見えてきた特徴や良さを中心に考えると、
回答に一貫性が生まれ説得力が増します。

15

自己分析よりも、
他己分析の方が大切

自分のことは自分が一番理解
しているはず。他己分析を中
心にして考えず、自己分析に注力しよう。

解説

　他人からの評価は、参考として聞く程度なら良いで
すが、鵜呑みにするのはオススメできません。自分自
身のことは、自分が一番理解しているはずです。自分
のすべてをさらけ出せたり、過去の経験をすべて知っ
ている人がいるなら良いですが、そうそういないで
しょう。過去の打ち込んだことを振り返る作業も、そ
のときの感情は自分自身にしか分かりません。そのた
め、他己分析を優先するメリットはないのです。また、
志望企業のことで第三者にアドバイスを受けることも
あるかもしれません。しかし、就職するのはあなた自
身です。後悔しないように、周りの意見を大切にしな
がらも、主体性を持って就職活動をすることが大切な
のです。

自己分析では、
自分の得意なことだけを
振り返る

最大のポイントは"辛かった
経験を振り返ること"。辛かっ
た経験にこそ本当の自分が隠れている。

解説

　自己分析で"打ち込んだこと"を振り返るときの最
大のポイントは、"辛かった経験を振り返ること"です。
辛い経験は誰でも思い出したくないものですし、つい、
目を背けてしまう部分です。しかし、辛い経験にこそ、
本当の自分が隠れているのです。本気で打ち込んだこ
とであれば、何かしら壁にぶつかった経験があるはず
です。そのときの経験からは、「その壁をどう乗り越
えたのか」「どうして頑張れたのか」という"打ち込
んだ理由"が見えてきます。そこにあなたの本質があ
るはずなのです。辛い経験を振り返る作業は、簡単で
はありませんし、とてもしんどいことです。しかし、
本当の自分を知るためにも、素直に振り返ることが大
切なのです。

17

自己分析は、就活の間、ずっと続ける必要がある

選考が始まっても自己分析は繰り返し行おう。選考の中から新たな"特徴"が見えてくるはず。

解説

　"自己分析"に終わりはありません。一通り自己分析を行っても、何度も省みることが大切です。特に、選考が進む過程では、新たな発見がたくさんあるはずなのです。エントリーシートや面接で自己アピールをしたとき、自分の"良さ"が伝わっていないと感じるかもしれません。それは、最初に導き出した"特徴"では、あなたの"良さ"が伝わりきっていないからです。最初の自己分析を軸にして、何度も繰り返し行うことで、深みや説得力が増してきます。また、面接などを通して、「こんな特徴もあったんだ」という発見もあるでしょう。エントリーシートを提出した後に、新たな自分を発見した場合は、面接ではその自分をアピールすべきです。

自分をアピールできそうな "キーワード" ありきで、自己分析をする

非 キーワード先行は自己分析でよくある間違い。本当の "自分らしさ" を見失う危険性あり！

解説

「リーダーシップがある」「積極的」など、キーワードを先に決めてから "自己分析" をする学生がよくいます。しかし、これは危険な方法です。例えば、「リーダーシップがある」とキーワードを決めた場合、次に「リーダーシップのある」行動を過去の経験から探し出し、「リーダーシップのある」自分を作り上げてしまうのです。それは、本当の自分の "特徴" と同じであるとは限りません。思い込みで自己分析を行うと、本当の自分らしさとは違う自分を作ってしまう可能性があるのです。大切なのは、"打ち込んだこと" を振り返り、そこから特徴や良さを見つけ出すこと。そうすれば、本来の自分らしさが見えてくるはずです。くれぐれも順番を間違えないよう、注意しましょう。

面接の前には、就職課や友人の力を借りて、模擬面接をしておく

常　模擬面接をしてもらう相手に感想を聞いて、自己分析と回答が結びついているかを確認しよう。

解説

　面接前には、あらかじめ質問を想定し、回答を考えることが大切です。しかし、自己分析と結びついた回答ができているかを自己判断するのは難しいもの。そこで、就職課の人や友人に模擬面接をしてもらいましょう。普通に模擬面接してもらっても良いですが、模擬面接前に、自己分析で見えた"特徴"を相手に伝えてから行ってみましょう。そして、模擬面接後に回答から"特徴"が見えたかを聞いてみましょう。「ピンとこなかった」と言われたら、自己分析と回答が結びついていないということです。また、先に"特徴"を伝えず、回答からどんな人だと思ったかを聞くという方法もあります。"特徴"に近い感想が得られれば、回答と自己分析が結びついていると言えます。

面接の前には、
ニュースや新聞に目を通して
情報収集をする

面接において情報収集は欠かせない準備！ 最初は興味のあるニュースから見ていこう。

解説

　面接前に限ったことではありませんが、情報収集は大切な準備です。そのため、新聞やニュースを見ることは必須です。しかし、新聞については、就活前は読む習慣がなかったという人も少なくないはずです。「就活だから」と読み始めても頭に入らないでしょう。まだ読み慣れないうちは、見出しだけまんべんなく読み、中身は得意分野や興味のある記事から読み始めてみましょう。興味のある記事なら、内容も頭に入りやすいはずです。また、ただ読むだけでなく、その記事に対するあなたの考えもまとめましょう。そうすれば、徐々に新聞を読むことが習慣化し、ほかの分野の記事も読めるようになるでしょう。また、面接前には受ける業界の専門誌を見るのも有効です。

21

事前に流れを把握しておく

面接の前には場所や流れを把握しておくことで、気持ちに余裕ができ、安心して面接を受けることができます。

解説

　面接会場を事前に確認しておくことが基本です。会場に行くまでに迷って遅刻してしまうと、面接自体に失敗してしまうケースもあるからです。そのようなミスをなくすためにも、事前に時間を見つけて確認しておくといいでしょう。次にするべきことは、面接の流れを把握しておくことです。まず控室に通され、時間になると面接室に案内されるのが通常の流れですが、入室時には「失礼します」と挨拶をして入り、その後は面接担当者の指示に従ってください。面接が終わったら必ず「ありがとうございました」と挨拶をして退室するよう心がけましょう。どのようなときも自分から挨拶をすることで、好印象につながります。面接終了後も気を抜かず緊張感を持って行動するようにしましょう。

オンライン面接では
環境の準備が重要

準備ができていなければ、力が発揮できないことも。環境準備をしっかり行い、オンライン面接をスムーズに受けよう。

解説

　オンライン面接を受ける準備として、インターネット環境をあらかじめ整えておくことが重要です。面接の最中に問題が生じないよう、面接を受ける前にはインターネット接続の安定性を必ず確かめておきましょう。また、オンライン面接の際に自分と相手の双方の声が聞こえるよう静かな場所を確保することも必要です。双方の声がクリアに聞こえれば、質問を聞き返したり聞き返されたりすることなく、面接をスムーズに進行できます。そしてオンライン面接ではカメラ映りも重要です。画面に映る自分の映像が暗くなっていると、面接担当者に暗い印象を与えてしまうことになりかねません。パソコンのカメラ付近にライトを設置すると、顔がとても明るく映り、元気よく見せることができます。手頃でおすすめなのは、リングライトです。

to:	才木先生
from:	就活生　鈴木マイ
件名:	**やりたい仕事が見つかりません…。**

　周りのみんなは、就活をどんどん進めていますが、私はまだ、どんな業界を受けるかが決まっていません。できれば、自分が興味を持てる業界で働きたいと思っているのですが……。やりたい仕事はどうしたら見つかりますか？

to:	就活生　鈴木マイ
from:	才木先生
件名:	**まずはいろいろな業界を見ること!**

　鈴木さんは、就活を始める前に志望業界を決めなければいけないと思っているみたいですね。でも、決してそんなことはありません。まずは、就活を始めてみましょう。就活をする中で、さまざまな業界を見て、志望業界を絞っていけばいいのです。まだ社会を知らない就活生が、自分の知識や考えだけで、志望業界や企業を決めてしまうは、むしろ危険。会社説明会などを通して、どの業界でどんな仕事ができるのかを把握して、そこから、自分が本当にやりたいと思える仕事を探しましょう。最初から「この業界」と絞る必要は全くないんですよ。

Column 2

CHAPTER 3

第3章

常識
非常識
面接の本番編

面接を受ける時の身だしなみ、
話し方やアピールの方法など、
"面接本番" での常識・非常識を徹底解説。
何も知らずに大失敗をしてしまわないように、
"面接本番" で大切なポイントを、
今から知っておこう!

就活生の考え方として正しい(常識的な)ものには 😊
間違っている(非常識な)ものには 😵 を記しています。

01

面接で緊張して
頭が真っ白になったら落ちる

非　面接では、誰もが少なから
ず緊張している。頭が真っ白
になったら、一言断って落ち着こう。

解説

　面接で緊張してしまうのは、仕方ありません。誰も
が少なからず緊張しているものです。また、面接はう
まく話せることが評価につながるわけではありませ
ん。そのため、スムーズに話せなかったからといって、
マイナスになることはありません。もし、緊張で頭が
真っ白になってしまった場合は、「すみません。緊張
してしまいました」と素直に話せば大丈夫です。断り
を入れて、一度リラックスしてみましょう。面接では、
たとえ緊張して詰まってしまっても、自分の"特徴"
や"良さ"をしっかり伝えることが大切なのです。緊
張しても焦らず、うまく話すことよりも伝えることを
意識しましょう。また、模擬面接などで練習すること
で、場に慣れ、緊張もやわらぎます。

02 よくある質問に対する答えは、暗記しておけばいい

文章化した回答を暗記する必要はない！ 自己分析で自分自身を理解していれば答えられるはず。

解説

あらかじめ質問を想定し、話す内容を整理しておくことは大切です。しかし、文章として暗記する必要はありません。というよりも、"自己分析"ができていれば暗記する必要はないはずです。"自己分析"をしっかり行えば、自分自身を深く理解できます。そして、自分の"特徴"を軸にして考えていけば、どんな質問にもスムーズに答えられるのです。また、面接では一つの回答に対し、「なぜ、そう考えたの？」と問われることも少なくありません。しかし、自分自身を理解したうえで導き出した回答であれば、「なぜ」にもしっかりと答えられるはずです。エントリーシートに書いたことをそのまま暗記するのではなく、改めて自分の"特徴"を考えてみましょう。

03

面接は、「特別な経験」が ないと通らない

面接では経験そのものが大切なのではない。ありきたりな経験でも、自分が伝えられれば良い。

解説

　面接は、特別な経験をしてきた人が通るわけではありません。なぜなら、面接担当者は経験そのものではなく、「なぜ頑張れたのか」「そこでどんなものを得たのか」を聞きたいからです。だから、サークルやアルバイトなどのありきたりな経験でも、十分アピールにつなげることができるのです。ポイントは、自分の"特徴"や"良さ"を伝えられるよう掘り下げた内容を話せるかどうか。「なぜ、サークルで頑張れたのか」「アルバイトで辛かったこと、うれしかったことは何か」と分析していくことで、内容が深くなっていきます。どんなエピソードでも、ただ出来事を話す日記的な内容では何も伝わりません。自分を理解してもらえるように話すことを心掛けましょう。

エントリーシートの内容と、
面接で話す内容は変えてもOK

常

話す内容を変えることは
まったく問題ない。"変えた理
由"も話せるようにしておこう！

解説

　変えても問題ありません。「エントリーシートと面接で、自己PRを変えても大丈夫ですか？」という質問は実に多いのですが、就活の中で自己分析を繰り返すことで、新たな自分を発見するのは当然のことです。エントリーシートを書いてから面接までは、少し期間があるはずですから、自己PRなどはエントリーシートと違っていることもあります。その場合、面接担当者に「エントリーシートと違うね」と聞かれる場合もあるので、"変化した理由"もきちんと伝えられるようにしておきましょう。また、「"打ち込んだこと"をエントリーシートではアルバイトと書いたけれど、趣味のエピソードに変えたい」という場合も、特に問題ありません。

面接では企業が求める人物像に合わせた方がいい

非 「求める人物像」に無理に合わせる必要はない。自分の"特徴"をしっかり伝えることが大切！

解説

「企業が求める人物像」に、自分を合わせる必要はありません。企業は、さまざまなタイプの人が集まって構成されている組織です。そのため、必ずしも「企業が求める人物像」に一致しなければ採用されない、というわけではないのです。また、企業が掲げる「求める人物像」とは、働くうえで必要な土台の要素、つまり非常にベーシックなものであることがほとんどです。そのため、「求める人物像」に固執せず、自分の"特徴"や"良さ"を伝えることにベストを尽くすことが重要になってくるのです。面接で求められているのは、「あなたがどんな人であるか」と「なぜ、この企業を志望したのか」を説明すること。企業に合わせるのではなく、本来の自分らしさをアピールしましょう。

面接では
必ず結論から話す

"結論から話す" ことは話し方の基本。最初に結論を述べると内容が伝わりやすくなる。

解説

　結論から話すことは、物事を分かりやすく伝えるための大切な話し方です。例えば、「学生時代に打ち込んだことは？」と聞かれたときに、「週に3日、小学生に算数を教えていました」と急にエピソードから始めると、何に打ち込んでいたのかが全く分かりません。「私が頑張ったのは家庭教師のアルバイトです」と、最初に結論を言ってから説明に入ると、相手も状況や結論が分かったうえで話を聞けるので、理解しやすくなります。そしてもう一つ、面接を受けるときは「自分を知らない相手と話す」という意識を持ちましょう。面接担当者は初対面の場合がほとんどです。その相手に、自分のすべてを理解してもらえるように話すことが大切です。

07

面接では
笑いを取った者が勝つ!

面接の場を笑いで盛り上げる必要はない! 自分の "特徴" をしっかり伝えることに専念すべき。

解説

　笑いを取ることと内定を取ることは、全く関係ありません。「ウケを狙って笑いを取れば、印象に残る」と思っている学生がいますが、本当に印象に残るのは「面接時間内に、自分の "特徴" を伝えられた学生」です。自分自身をしっかりと理解し、"特徴" や "良さ" を伝えることで、「この人は積極的な人なんだな」「目標に向かって頑張れるんだ」というように、あなた自身に興味を持ってもらえます。面接は、あくまで「私は○○な人間です」と伝える場であって、盛り上げる場ではないということを覚えておきましょう。ただ、話の中で自然に笑いが生まれるのは、問題ありません。自然に生まれた笑いでリラックスしたり、話しやすくなったりする場合もあるでしょう。

08 コミュニケーション能力が優れていないと、面接突破は難しい

話し方のうまい下手はあまり重要視されていない。基本的なコミュニケーションが取れればOK！

解説

"コミュニケーション能力"というと難しく考えてしまいがちですが、そんなことはありません。初めて会ったときの挨拶やYES・NOの反応、会話のキャッチボールなど、普段から人との基本的なコミュニケーションが取れているのであれば、それで十分なのです。また、話すことに苦手意識を持っている学生も少なくありませんが、うまく話せないから内定がもらえないということはありません。たとえ、緊張して詰まりながらになってしまっても、一生懸命、自分の本当の気持ちや自分自身について、伝えれば良いのです。もちろん、模擬面接などの練習を通して、話し方のスキルアップを目指し緊張せずにしゃべれるようになるために、努力することは大切です。

09

質問に答えるとき、
なぜそう考えるかの理由も話す

😊常　具体的な"理由"や"過程"
を話すことで、自分の"人間性"
をより深くアピールできる。

解説

　面接では、あなたの"特徴"や"良さ"を伝えることが大切ですが、同時にその"理由"も伝える必要があります。例えば、「自己PR」を聞かれたときに、「私は、サークルの代表を務めていたので、責任感があります」という答えでは不十分。サークルの代表だからといって、その学生に責任感があるかどうかは判断できないからです。大切なのは、「なぜ、代表に選ばれたのか」「代表として、どんな役割を果たしたのか」を考えて、具体的に話すこと。回答に"理由"や"過程"がプラスされると説得力が増し、"特徴"や"良さ"をより深くアピールすることができます。イメージだけで抽象的な内容になってしまわないように、具体的な"理由"を考えてみましょう。

面接では、姿勢を正して、
面接担当者の目を見て話す

面接中は面接担当者の目を
見て話すのが基本。姿勢や表
情からも企業に対する熱意をアピール。

解説

　面接では、姿勢や表情も大切なポイントです。面接中は、面接担当者の目を見て話すのが基本。目を合わせないと「自信がない」と受け取られてしまいます。面接担当者が複数いる場合は、基本的には、質問者の目を見ましょう。表情は緊張で強ばってしまいがちですが、笑顔で受け答えができると印象が良くなります。姿勢はピンと背筋を伸ばし、イスは背もたれに寄りかからず、やや浅めに腰かけます。手は脚の付け根の上に置くと、窮屈にならず自然に見えるでしょう。最後に声ですが、普段以上にハキハキと話すことを心掛けましょう。聞き取りづらいとマイナスな印象になってしまいます。姿勢や表情からも、熱意は伝わるので、意識することが大切です。

11

面接では、長く話せば話すほど良い

 長々と話すと内容が伝わらなくなってしまう。60秒で「結論＋理由＋具体例」を話すのが理想。

解説

　長々と話すのはNG。ダラダラと話すと、話の本質が相手に伝わりづらくなってしまいます。そのため、簡潔に答えられるようにすることが大切です。答え方の基本形は、「結論＋理由＋具体例（エピソード）」。この三つを60秒以内で話せれば、簡潔で分かりやすくなります。「自己PR」など、あらかじめ考えられる質問には、60秒で話せているかどうかチェックしてみると良いでしょう。もし60秒より長い場合は、内容が堂々めぐりをしている可能性があります。逆に、短すぎる場合は、"理由"や"具体例"が欠けているかもしれません。いずれにせよ、改めて内容を整理するなど、事前の準備をしっかりすることが大切です。

面接当日、家を出る前に スーツやシャツのしわを チェックする

身だしなみは第一印象を決める重要な項目！ 外出前の身だしなみチェックを習慣にしよう。

解説

面接では第一印象も大切な要素となるので、身だしなみを整えることは必要です。面接担当者の目に自然に入ってくるのは、「シャツにはきちんとアイロンがかけられているか」「スーツに目立つしわはないか」といった部分です。就活中は、一日に説明会や面接を何社も掛け持ちすることが多く、座る機会も多くなるため、しわになりにくいスーツを選ぶと良いでしょう。ズボンの折り目がきちんとついていることも大切です。また、足元は意外に目立つので、靴に汚れはないか、靴下の色にも気を配りましょう。白い靴下はNGです。さらに頭髪に寝グセやハネがないかも必ずチェックしましょう。

1.3

オンライン面接時は
マナーも大切

笑顔😊常　オンライン面接では言葉以外
のコミュニケーションが不十分
になりがちなので気を付けましょう。

解説

　オンライン面接では、どうしても対面での面接より
も感情が伝わりにくくなるため、自分のことを、短い時
間で、簡潔に、相手に分かりやすく伝える工夫をしなけ
ればいけません。そのためにはやはり言葉だけでは不十
分です。表情や態度、うなずきなどでより視覚に訴える
ことで、伝わりやすくなります。　効果的なのは、①画
面に映る面接担当者でなく、カメラを見て笑顔で話す、
②話を聞いているときも明るい表情や笑顔を心がける、
③相手の話を聞くときは大きくうなずき理解している
サインを送る、などです。対面よりも声が聞き取りづら
いオンライン面接では、話すスピードも重要です。緊張
すると早口になりがちなので、少しゆっくり話す意識を
持ち、声も普段より大きめに出してみましょう。

面接でのあいさつやお辞儀の
タイミングなどは、あらかじめ
シミュレーションしておく

面接マナーを気にしすぎる
必要は全くない。100％の気
持ちで取り組めば自然とできるはず。

解説

　マナーを気にしすぎる学生は多くいますが、一般的
な社会人としてのマナーが身についていれば、問題あ
りません。面接はマナー試験ではないので、すべてを
型通りに行う必要はありません。マナーで覚えておく
べきことは二つ。一つ目は、100％の気持ちで取り組
むこと。「この企業に本気で就職したい」と思ってい
れば、面接に対しての感謝の気持ちから、あいさつや
お辞儀は自然とできるはずです。もう1つは、就活で
出会う人はすべて目上の人だということ。普段、先生
や先輩にため口を使わないのと同じように、失礼のな
いように振る舞えば良いのです。基本的には、あいさ
つさえきちんとできていれば、タイミングや細かいマ
ナーは気にしなくても大丈夫です。

15 オンライン面接時の メイクを考える

😊常　パソコンの画面を通して、明るく元気な印象を与えるメイクを、事前に考えておくことが必要。

解説

　オンライン面接は対面での面接よりも人柄や表情、雰囲気などが伝わりにくいものです。画面を通して見る自分の印象と対面での印象は異なるので、事前に確認してみることをお勧めします。メイクをすることは必須ではありませんが、もしメイクをする場合は、明るく元気な雰囲気を伝えるために、表情だけではなくメイクを工夫してみることを心がけてください。普段、リップやチーク、アイメイクをしない人は画面を通して見ると、いつもと違った印象を与えてしまうかもしれないので確認してみましょう。オンライン面接の際は、普段よりも少し明るめのトーンのリップやチーク、アイメイクをするよう心がけてみるといいでしょう。

16

遅刻しそうになったら、
面接会場に行ってもムダ

非 面接での無断遅刻や無断欠
席は絶対禁止！ もし、遅刻し
そうな場合は事前の連絡が必須。

解説

　遅刻することで、「企業に対する熱意や意欲がいい
加減だ」と判断する企業もあります。だからといって、
何の連絡もせずに遅れて行ったり、ましてや行かない
というのは社会人として失格です。企業側があなたの
ために時間を取ってくれているので、遅刻する可能性
があったら、その時点で一度連絡を入れるようにしま
しょう。それが、最低限のマナーです。もし「前の面
接が長引いた」などの理由があれば、説明しましょう。
また、会社説明会でも同じです。無断で説明会を欠席
した時点で、その企業の面接を受ける資格がなくなっ
たと思いましょう。就活は社会に出る第一歩ですから、
社会人として当たり前のマナーやルールを守ることが
何よりも大切です。

17

個人面接とグループ面接では、見られているところが違う

基本的に見られている部分はどちらも同じ。グループ面接では周りの話を聞くことも大切。

解説

　基本的に、個人面接でもグループ面接でも見られる部分は「あなたがどのような人間であるか」です。そのため、話の内容や格好などを変える必要はありません。ただ、グループ面接は学生が複数いるからこそ、注意すべきポイントがあります。それは、自分のことばかり考えずに、ほかの学生の話も聞くということです。例えば、隣の人が答えている間、「自分は何を話そうかな」と考えて話を聞いていないと、急に面接担当者から「隣の○○さんはどう思う？」と聞かれても、答えられないことがあります。答えられないと、面接担当者から、人の話を聞けない人だと判断されてしまうかもしれません。そうならないためにも、耳を傾けるよう意識しましょう。

18 グループ面接では、ほかの就活生よりも目立つことが大切

目立ったから面接を通過するわけではない！ 自分自身を理解してもらうことに注力しよう。

解説

　ほかの学生より目立ったからといって、面接を通過するわけではありません。面接担当者は特別な経験を求めているわけでも、場を盛り上げてほしいわけでもないからです。面接担当者が判断する基準は、「その学生の"特徴"や"良さ"」「当社でどのような力を発揮してくれるか」です。そのためには、まず「私は○○な人間です」という部分を、しっかり理解してもらう必要があります。自分自身を理解し、"特徴"や"良さ"を明確に伝えられることがもっとも大切です。そのうえで、「この企業の中でどう働いていきたいか」を伝え、面接担当者に企業に必要な人材かを判断してもらうのです。目立った学生ではなく、面接担当者の印象に残った学生が面接を通過するのです。

19 グループ面接で、隣の人と話がかぶったらアウト

非 人によって話の内容は違うはずだから問題はない。話がかぶったときこそチャンスだと捉えよう！

解説

グループ面接では、「学生時代に打ち込んだことは？」という質問に、全員がアルバイトの話をすることもあります。しかし、そこで「かぶったから印象に残らない」とあきらめてしまうのは問題です。なぜなら、全員が同じ話をしようとしているわけではないから。"自己分析"ができていないと、似たような内容になってしまうかもしれません。しかし、アルバイトを続けた"理由"やアルバイトを通して得た"学び"を伝えることができれば、自分の"特徴"や"良さ"を理解してもらえるはずです。つまり、ほかの人と経験がかぶってしまうのは、実は大きなチャンスなのです。同じ経験でより深い内容を話すことができれば、面接担当者もよりあなたを理解してくれます。

㉓ 志望動機は、会社案内や
企業のホームページを見て
作ればいい

企業案内やウェブサイトの情
報だけでは不十分。深く企業
を知るには足を使って情報収集すべし！

解説

　会社案内のウェブサイトやパンフレットは、企業を
知る入口として活用できるツールですが、「志望動機」
を作るには不十分です。ウェブサイトやパンフレット
は誰でも見ることができる情報で、単なる広告にすぎ
ないため、そこから自分だけの「志望動機」を作るの
は難しいのです。より深く企業を知るためには、足を
使って情報を収集する必要があります。有効な方法が
OB・OG訪問。実際に働いている社員の生の声が聞
ける貴重な機会なので、積極的にとってほしい手段で
す。店舗展開している企業であれば、お店に足を運び
従業員を見てみたり、企業が提供している商品やサー
ビスを実際に利用したりすることも大切です。同業他
社の製品や店舗と比べてみるのもいいでしょう。

面接終了後に、良かったところと悪かったところを振り返り、反省する

😊常　面接を振り返って次回に生かすことが大切！　話し方やエピソードをより良くする努力を。

解説

　面接は、一回受けたら終わりではありません。受けるたびにしっかり振り返り、次の面接に生かすことが大切です。特に、うまくいかなかった面接であればなおさら。面接で落ちる理由は二つ考えられます。一つは「企業の求める人材とかけ離れていたから」。もう一つは「自分の"特徴"を面接担当者に伝え切れなかったから」。前者の理由なら仕方ありませんが、後者の理由で通らなかった場合は、振り返ってダメだった部分を反省すべきです。「しっかり自分自身を伝えられる内容だったか」「エピソードが"特徴"と結びついていたか」「自己分析は十分にできていたか」など、振り返るべき部分はたくさんあります。あきらめずに、より良くしていく努力をしましょう。

22

オンライン面接でも
一貫性のある回答が大切

😊常　一貫性のある回答をするた
めには、まず自分で自分のこ
とを理解することが必要。

解説

　オンライン面接は対面面接と違い、伝わる情報が限られます。そのため面接担当者は、あなたのことをよく知るために、質問の量を増やしたり、ひとつの質問に対して深掘りをする傾向があります。いくつもの質問や深掘りをされた際、自分で自分のことが理解できていないと、回答に矛盾が生じることがあります。面接担当者の質問に対して思いつきで答えていると一貫性のない回答になり、面接担当者は、あなたがどのような人間なのか、どんな良さや特徴があるのか分からなくなってしまいます。そうした状況を避けるために、自己分析をしっかり行い、自分のことをしっかり理解したうえでオンライン面接に臨むようにしてください。

㉓ グループディスカッションには 大きく分けて 三つの種類がある

あらかじめ三つの方式を 知っておけば、具体的な練習 計画や対策が立てられる！

解説

　グループディスカッションは、5〜8人のグループにテーマを与えて、討論をさせる選考方法です。代表的な三つの方式について、知っておきましょう。一つ目が"自由討論方式"。テーマに対して自由にディスカッションするものです。二つ目は"インバスケット方式"。与えられた選択肢の中から、テーマに沿って一つを選んだり、順位をつけたりするディスカッションです。三つ目が"ケーススタディ方式"。ある状況が設定され、その中でベストだと思う方策を考えるものです。業界に関するテーマが設定されることが多いのが特徴です。最近は、ディスカッションとともにディベートも増えてきています。学生を2チームに分け、それぞれの立場を設定して討論させる選考方法です。

24 グループディスカッションでは発言回数を見られている

😊常 グループディスカッションで発言しないのはNG! テーマが分からなくても積極的に参加しよう。

解説

　発言回数は必ずチェックされているので、積極的に討論に参加しましょう。グループディスカッションでは、もしかしたら自分が知らないテーマが出題されるかもしれません。しかし、知らないからといって黙り込んでしまうのはアウト。グループディスカッションで何も発言しないようでは、面接担当者は評価のしようがありません。そんなときは、周りの意見を聞いて内容を推測して、意見を考えてみましょう。どうしても分からない場合は「詳しく分からないのですが……」と聞いてみる勇気も必要です。何も分からずに傍観者になっているよりも、ずっと有意義な討論ができるはずです。とにかく、参加する意識を持つことが大切です。

25 グループディスカッションでは リーダー役を担当した方が 評価は高い

中心的な役割につけば良い わけではない！　自分の力を 発揮できる役割を選ぶことが大切。

解説

　「リーダー役や司会進行役をすれば目立つ」という のは、大きな勘違いです。グループディスカッション で大切なのは、「普段、友人の間で果たしている役割 を果たす」ということ。企業側も、組織内ではどんな 役割で力を発揮できるかを見ているのです。普段から、 サークルのリーダーをやっている人であれば、リー ダー役もこなせるでしょう。しかし、普段、リーダー シップを発揮していない人が司会進行役をやっても、 うまくいくはずがありません。まずは、ゼミやサーク ル、友人の間で、あなたがどんなポジションにいるか を考えてみましょう。サポート役や盛り上げ役、スケ ジュール調整役などがあるはずです。普段の役割で本 来の力を発揮し、アピールすべきです。

㉖ グループディスカッションでは自分の意見をしっかりと述べることが大切

ポイントは"考え"や"価値観"を話すこと。"理由"も一緒に話すことで説得力アップ！

解説

どのようなテーマでも、"考え"や"価値観"をしっかり話すことが大切です。周りの意見を聞く中で、自分の意見に自信をなくしてしまい、消極的になってしまう学生がいますが、自分の考えを人と比べる必要はありません。あなたがどう考えるかが重要なのです。発言する際には、"理由"を添えて話すことが大切です。グループディスカッションで話すことに、ほとんどの場合、正解はありません。その中で、周りを納得させるには、説得力のある"理由"が必要なのです。できれば、自分の経験に基づいた話を交えると、説得力が増します。このような方法で分かりやすい話ができると、ほかの学生も話を広げたり、意見を言いやすくなります。

27 グループディスカッションで意見の合わない人がいたら、論破する

メンバーを蹴落とすことが目的ではない！ チーム全員で合格する気持ちで取り組むこと。

解説

　グループディスカッションの目的は、チームで意見をまとめて、一つの結論を出すことです。決してメンバーを論破することが目的ではありません。チームで意見をまとめるには、「チーム全員で合格しよう」という気持ちで取り組む必要があり、メンバー間での協力や協調性が不可欠になります。また、基本的な進め方を知ることも大切です。まず全員が意見を出し合い、その意見の中から、いくつかに絞り込みます。そして、最後に意見をまとめてチームとしての結論を出すという流れが一般的です。もし、誰か一人でも自分のことしか考えていなかったら、討論は破綻してしまいます。グループディスカッションは、チームワークが大切であることを意識して取り組みましょう。

㉘ グループディスカッションでは 一般常識や時事問題に 関する知識も必要

正しい知識を持つことで発言が説得力を持つ。普段からニュースや新聞を見ることが大切。

解説

　グループディスカッションでは、知識があるかないかで、発言の内容が大きく変わってしまいます。テーマに沿った発言をするためにも、情報収集は重要です。特に"ケーススタディ方式"では、ビジネスシミュレーション的なテーマが多く出題されるので、"企業・業界研究"は必須です。どんなテーマが出題されるかは選考当日まで分かりませんが、少なくとも「最近話題になっているニュース」「その企業に関する話題」「その企業が属する業界の話題」については、事前に情報収集しておく必要があるでしょう。テーマによっては、社会や経済の流れを知っていると答えやすいものもあるので、普段からニュースや新聞に目を通しておくことも大切です。

29 二次面接以降では、一次面接以上に、より深く人物像を見られる

企業側はより深くあなたを
知ろうとしている。「なぜ？」
と聞かれても答えられるようにしよう。

解説

　基本的に、面接が進めば進むほど、面接担当者はより詳しく学生の人物像を知ろうとします。まず、一次面接では「学生時代に打ち込んだことは？」や「志望動機」など、基本的な質問をされます。二次以降になると、さらに踏み込んだ質問が投げかけられます。例えば、回答に対して「なぜ、それをしたのですか？」「そのとき、どんなことを考えましたか？」など、深く掘り下げるような質問です。その中から、より詳しく「この学生はどういう人間か」を知ろうとしています。近年では、一つの回答に対して「なぜ、そう考えたの？」と8回も繰り返し聞かれたケースがありますが、自己分析を行い、自分自身を理解できていれば、しっかり答えられるはずです。

最終面接は、
"入社意思があるかどうか"の
最終確認だと思って OK

「最終面接だから」と気を抜くのは危険！ 最後の最後まで選考は続いていると考えよう。

解説

　以前は、意思確認だけという企業もありましたが、最近は最終面接でもしっかり選考されることが多くなっています。「活躍してくれる人材を採用したい」という企業の思いが表れていると言えます。最終面接では、改めて「自己 PR」や「志望動機」を聞かれることが多いですが、"直球じゃない質問"が増える傾向もあります。例えば、「臨時収入で 10 万円もらったら、何をしますか？」「今年、興味のあるファッションは？」などです。このような質問にも、自分の"人間性"が伝わるように答えるべきです。感想や好みだけを話して終わってはいけません。最終面接だからといって気を抜くと、それまでの努力が水の泡になってしまうので、注意が必要です。

to:	才木先生
from:	就活生　中村タカシ
件名:	**自己分析がうまくいかないんです。**

　自己分析をしているのですが、なかなかうまくいきません。「過去に打ち込んだこと」を中学、高校、大学時代に分けて振り返っているのですが、自分のことが何一つ分かっていないような……。一体どうすればいいのでしょう？

to:	就活生　中村タカシ
from:	才木先生
件名:	**"打ち込んだこと"の共通点を探そう**

　中村くんのように、自己分析で行き詰まることは少なくないはずです。自己分析は、「中学、高校、大学時代に打ち込んだこと」と、打ち込んだ中でも「辛い経験」を振り返ることが基本（P.35 ～ 39 参照）。その中でも、掘り下げ方がポイントです。各時代に辛かった経験の共通点や辛いことをどのように乗り越えたか、過去の辛い経験が、今打ち込んでいることにどう影響しているかを考えてみましょう。例えば、「中学時代に体が小さくて野球部でレギュラーを取れなかったことが辛くて、その思いをバネに大学まで頑張った」などの影響があるはずです。

CHAPTER 4

第4章

常識 非常識 学生自身に関する 定番質問編

基本が分かったら、次は
面接でよくある定番質問について
解説していきます。
各質問に、模範的な回答である
「常識的な回答」と、
NG回答である「非常識な回答」を掲載。
これらを参考に、
自分の回答を考えてみてください。
最初は、自己PRや学生自身に関する
質問について解説します。

Q 01 自己PRをしてください。

常識的な回答

　私は壁にぶつかっても、決してくじけない人間です。5歳から約15年間、水泳を続けています。なかなかタイムが伸びないときにも、どうしたら良くなるかを考えて、練習を続けてきました。高校時代に全国大会に出場したときは、4位と悔しい結果に終わりましたが、その後も努力を重ねて、大学時代の学生選手権では準優勝という成績を残せました。途中であきらめず、努力を続けたからこそ、この結果が得られたのだと思います。

[この質問で伝えるべきこと]

●自分自身の"特徴"や"良さ"を明確に伝える。
●具体的なエピソードとともに、物事に取り組むときの"考え方"や"行動"、その"根拠"や"理由"も明確に話す。

非常識な回答

　私のアピールポイントは積極的な点です。小学生のころには学級委員、中学では風紀委員長、高校では生徒会で副会長を務め、大学では学園祭実行委員長を務めました。すべて立候補で当選し、完璧に務めあげた自信と経験が私にはあります。

[ここがNG]

●出来事を並べただけの日記調の内容にならないように注意。
●"特徴"を裏付ける"理由"がないと、アピールにならない。

Q 02 学生時代に打ち込んだことは何ですか?

常識的な回答

レストランのウエートレスのアルバイトです。現在、アルバイトリーダーを任されています。全スタッフのシフトを組んだり、スタッフの仕事を決めるのも私の仕事です。最初は、あまりの仕事量に混乱することもありましたが、持ち前の冷静さで、あらゆる場面を想定し、それぞれのスタッフに適した仕事を分担しました。そうすることで、スムーズに仕事が進められ、トラブルもなく仕事ができています。

[この質問で伝えるべきこと]

● 自信を持って"打ち込んだ"と言えることについて、具体的な経験やエピソードを交え、当時の心境や取り組み方も一緒に話す。
● 打ち込んだ"理由"や、経験から学んだことも伝える。

非常識な回答

私は、15年間ピアノを続けてきました。親に勧められて始め、気付けば15年も経っていました。今までに、発表会でトリを務めたり、連弾に選ばれたりしたので、実力はあると思います。それは、15年間やってきたからだろうと思います。

[ここがNG]

● 長期間やっただけではNG。
● 自分の意思で選んで、本気で打ち込んだ経験を話すべき。

Q 03 あなたの長所は どんなところですか?

常識的な回答

何事もあきらめずに、継続できるところです。私は中学時代からテニスを続けています。始めたころから「優勝したい」という気持ちがあり、強くなるためにさまざまな練習法を試しました。何度も挫折しかけましたが、自分に合う練習法を見つけ、その結果、高校時代はインターハイに出場できました。継続することで壁にぶつかることもありますが、決してあきらめずに継続すれば、結果は必ずついてくると思います。

👍[この質問で伝えるべきこと]

● 自己分析の結果分かった自分の本当の長所を、具体的な経験やエピソードを交えて話す。
● 長所だと考える"理由"や"根拠"も明確に伝える。

非常識な回答

友人とのつながりを大切にする点です。私は友人の中でも中心になることが多く、頻繁に飲み会を開催したり、バーベキューなどのイベントも計画しています。みんなと積極的にコミュニケーションを取ることを重視しています。

✊[ここがNG]

● 「○○を大切にしている」は長所にはならない。
● "長所"は、自分の"特徴"や"考え方"の中から考えるべき。

82

Q 04 あなたの短所は どんなところですか?

常識的な回答

完璧主義なところです。大学では学園祭実行委員長を務めたのですが、準備や当日のスケジュールを無駄なくスムーズに進めようとしたら、実行委員の仕事量が増えてしまいました。そこで、各人のスケジュールを全員が共有しました。実行委員同士がお互いのスケジュールや仕事内容を理解していたため、仕事の引き継ぎも可能になりました。それ以来、完璧を求めながらも、周りのフォローを忘れないように心掛けています。

[この質問で伝えるべきこと]

● 素直に自分の"短所"について話す。
● 自分の短所をどう受け止めて、対処しているかも伝える。
● 「社会に出てから、その短所とどう向き合うか」も話せるとより良い。

非常識な回答

短所はありません。「消極的」と言われることもありますが、それは別の視点で見ると「じっくり物事を判断できる」ことでもあるので、短所だとは思っていません。今後も、じっくり物事を考え、判断することで、成果を出していきたいです。

[ここがNG]

● "短所"は誰しもあるものだから、「ありません」は不自然に聞こえる。
● 無理に「克服した」と言う必要はなく、どう向き合っているかが大事。

Q 05 あなたの趣味は何ですか?

常識的な回答

映画を見ることです。特に、黒澤明監督の時代ものの作品が好きです。自分が知らない時代に起こっていた事件や、リアルな心情が描かれていたりするところが興味深いと思います。知らない言葉などが出てくることもありますが、その時代のことを調べて、現代のものに置き換えることで、理解するようにしています。また、登場人物が魅力的で、それぞれの立場から見た時代背景や心情を知ることができる点も面白いと思います。

[この質問で伝えるべきこと]

● 素直に自分の趣味について話す。
● 「これが趣味です」と言える"理由"を、経験を交えて話す。
● 趣味から受ける"影響"を伝える。仕事につながらないことでも OK。

非常識な回答

私の趣味はギターです。短い時間でも毎日弾くことで、技術を上達させています。今の目標は、エアロスミスをマスターすることです。高校の学園祭のときに、友人とバンドを組み、演奏したら、かなり盛り上がったのは、今でも良い思い出です。

[ここがNG]

● ただ、趣味について延々と説明するのは NG。
● 趣味からも"人間性"が伝わる話をすれば、自己 PR になる。

Q 06 あなたの特技は何ですか?

常識的な回答

トランペットです。中学で吹奏楽部に入ったときに始めました。最初はうまく吹けずにつまずきましたが、練習を継続することで徐々に吹けるようになり、中学2年の後半に演奏のメンバーに選ばれました。現在はさらに技術を磨き、社会人のグループの中で演奏しています。継続することで上達し、難しい曲も演奏することができるようになり、今では私にとって、トランペットは誰にも負けない特技となっています。

☝[この質問で伝えるべきこと]

● 特技だと言える"理由"を、経験を交えて話す。
● 特技への取り組み方や考え方も話す。
● 長く続けたかどうかではなく、「本気で打ち込んだかどうか」が重要。

非常識な回答

パソコン検定2級を取得しました。取得の動機は、社会で活躍するための土台を作りたかったからです。実際に資格取得のための勉強の中で、パソコンの基礎的な技術はもちろん、応用力も身につき、仕事をするうえで役立つと思います。

✊[ここがNG]

● 「資格」や「成果」ばかりをアピールしても自己PRにはならない。
● 資格や賞の内容ではなく、本気で打ち込んだ"経験"を話すべき。

Q 07 自分をひと言でアピールしてください。

常識的な回答

私は計画性のある人間です。自分の目標を達成するためには、どのような順序で何をしていくべきかを考えることができます。そして、その目標を達成するために立てた計画を、大変だったとしてもあきらめずに実行することができます。最近では、学園祭を成功させました。

[この質問で伝えるべきこと]

● 「積極的」「実行力がある」など、性格をひと言で表す。
● 「自己PR」などとの一貫性を考慮する。
●長々と説明する必要はない。聞かれた場合だけ、"理由"などを話す。

非常識な回答

私は「絶対に油断しないウサギ」です。何でも、思い立ったらすぐに行動に移しています。だからといって、すぐに飽きたり、手を抜いたりするわけではなく、最後までやりぬく自信もあります。だから、カメに抜かれるようなヘマはしません。

[ここがNG]

●キャッチフレーズを作って話す必要はなし。キャッチフレーズにとらわれてしまい、本来の"特徴"と違う内容になってしまう場合がある。

Q 08 これまでに一番辛かった体験は何ですか? それをどう乗り越えましたか?

所属する部活の部員数が激減してしまったことです。私は、大学に入ってすぐに放送部に入部しましたが、先輩が卒業して、部員数が激減しました。このままでは部活の存続も厳しくなったので、新入部員の獲得に乗り出しました。チラシ配りや声がけなど自分の時間を惜しみなく使った結果、20人以上の学生からの入部希望がありました。この経験を通じて、どんなときにも改善策を考えて、実行することが大切だと学びました。

👍 [この質問で伝えるべきこと]

● 過去に乗り越えた"辛かった経験"を、具体的に話す。
● 辛い経験をしたときの状況や気持ちを、できるだけ正直に話す。
● 「辛い経験を乗り越えることで何を学んだか」まで伝えられると良い。

非常識な回答

高校3年の時に親友とケンカをしたことです。ささいなことがきっかけで親友を怒らせてしまい、関係がぎくしゃくしてしまいました。半年ぐらい話ができないまま、どうしようか悩みましたが、なんとか自分から話しかけて仲直りしました。

👊 [ここがNG]

● 当時の状況を語るだけでは NG。
● 乗り越えようと思った"理由"や"行動"を伝える必要がある。

Q09 これまでに一番悔しかったことは何ですか?

常識的な回答

　販売員のアルバイトで、先輩に「お客様への満足なサービスができていない」と言われたことです。私は最初、とにかく仕事を覚えれば良いと思っていました。しかし、販売員というのは、お客様の要望に応えることを第一に考えなければいけません。一方的なサービスで、お客様に有意義な時間を提供できていなかったことを痛感し、悔しく思いました。このことから、自分の役割を理解し、全うすることの大切さを学びました。

[この質問で伝えるべきこと]
● 心の底から「悔しい」と感じた出来事を伝える。
● "悔しさをバネにした頑張り"を、具体的なエピソードを交えて話す。
● 悔しい経験をした後の自分の"変化"も話せると良い。

非常識な回答

　サークルの幹部になったときに、うまく運営できなかったことです。費用の管理やメンバーの状況、イベントの企画など、することが多くてパニックになってしまいました。自分が何もできないことに、泣いて帰ったことも何度かありました。

[ここがNG]
● ただ悔しかったエピソードを話すだけでは不十分。
● 悔しさに対してどう行動し、乗り越えたかを話すことが大切。

Q 10 今までで一番、周りの人に感謝したことは何ですか?

常識的な回答

アルバイト先で私が行っていたリーダー職を、後輩が引き継いでくれたことです。私が就職活動のためにアルバイトを休むことになり、リーダーシップを取る人がいなくなってしまいました。とても心配していたのですが、後輩が自ら、「先輩を見習って、自分が引き継ぎます」と申し出てくれました。これまで自分がしてきたことが後輩にしっかり伝わっていたことが分かり、胸が熱くなると同時に、後輩にとても感謝しました。

👆 [この質問で伝えるべきこと]

● 感謝したエピソードを具体的に話す。
● その人に対して感謝した "理由" を必ず伝える。
● 身近な人やささいな物事でも、心から感謝したことであれば OK。

非常識な回答

私は、あまり人に感謝をしたことがありません。なぜなら、自分のことは自分でするべきだと思っているからです。人から何かをしてもらうということがあまり好きではないので、何でも自分で行ってきました。これからもそうでありたいです。

👊 [ここがNG]

● 「感謝したことがない」は NG。人としての良識を疑われかねない。
● 感謝したエピソードは誰にでもあるはずなので、過去をよく振り返る。

Q 11 これまでに最も成果を あげたことは何ですか?

常識的な回答

ドラッグストアのアルバイトで、会員カード加入を促し、店舗の売り上げに貢献したことです。まず、お客様に通っていただくため、商品知識を増やし、商品の良さを把握しました。そのうえで、お客様の好みや悩みを把握し、どの商品がお客様のニーズに合うかを考えながら、日々の接客に取り組みました。このような活動を続けていくうちに、お客様からの信頼が高まり、加入数を伸ばすとともに、売り上げも伸ばすことができました。

[この質問で伝えるべきこと]

● 成果をあげるために行った努力や行動を、具体的に話す。
● 成果をあげることができた"理由"を明確に伝える。
● 途中に挫折や苦労があった場合は、そのエピソードも一緒に話す。

非常識な回答

サークルを大きくしようと思い、奮闘したことです。もともと、15名ほどの小規模なサークルだったのですが、後々残っていくサークルにするため、勧誘活動やイベントを行い、今では500名ものメンバーが加入してくれています。

[ここがNG]

● 大学のサークルで500人は多すぎるので、信憑性に欠ける。
● 「人が驚くような経験」を意識しすぎて、数字などを偽るのはNG。

Q 12 これまでに苦しい状況に陥ったことはありますか?

常識的な回答

ゼミの仲間の一人と意見が合わず、ケンカをしてしまったことです。その仲間と私はディスカッションをする中で衝突し、その仲間がゼミをやめると言いだしました。しかし、冷静になってから話し合うことで、同じ研究分野でともに知識を深めたいという気持ちが一緒であることを再確認し、改めて頑張ろうと説得しました。この経験から、目標が一緒ならば、その過程でぶつかっても、協力して結果を残せることを学びました。

☝[この質問で伝えるべきこと]

● 「苦しい状況が起きたときに、どのように考えて、どのような行動を取ったか」を、具体的なエピソードを交えて話す。
● 自分なりに苦しい状況の対処法を話す。

非常識な回答

コンビニエンスストアでのアルバイトで、余分に商品を発注してしまったことです。分かったときには頭が真っ白になってしまい、何もできませんでした。店長は優しく「どうにかなる」と言って対処してくれたので、本当に感謝しています。

👊[ここがNG]

● 苦しい状況が起きたエピソードを語るだけではNG。
● その状況を打開するための自分の "行動" や "考え方" も話す。

91

Q 13 人生の転機となった 出来事は何ですか?

常識的な回答

大学2年生のときに、TOEICの点数を200点上げられたことです。それまで、私は努力が苦手でした。英語も苦手で、周りから点数を上げることは難しいと言われましたが、ここであきらめるわけにはいかないと、勉強に集中しました。その結果、点数を200点も上げることができました。この経験から、目標を立てて努力すれば結果が出せることを実感し、今も就職活動で納得のいく結果を残すため、努力しています。

[この質問で伝えるべきこと]

● その出来事が転機となった"理由"を話す。
● 転機となった出来事から受けた"影響"や"学び"も話す。
● 転機を境に、「変わる前の自分」と「変わった自分」を明確に伝える。

非常識な回答

高校の文化祭で失敗したことです。クラスでオブジェを作ったのですが、友達と意見が合わず、意地を張り合っていたら、結局本番に間に合わず、中途半端なオブジェになってしまいました。それ以来、周りの意見に従うようになりました。

[ここがNG]

● マイナスに受け取られる変化を話す必要はない。
● 面接では、あくまで自分の"良さ"を伝えることに徹する。

Q 14 今までに、一つのことに没頭した経験はありますか?

常識的な回答

高校受験です。私は海外にとても興味があり、海外留学制度のあるＡ高校を志望しました。しかし、当時の私の学力では、Ａ高校に合格することは難しいと言われました。そこで、自分に何が足りないのかを洗い出し、その部分を中心に勉強を続けました。その結果、Ａ高校に合格できて、2年生のときに、海外短期留学も経験することができました。海外留学という目標があったからこそ、勉強に没頭することができたのだと思います。

[この質問で伝えるべきこと]

● 没頭したことや、そのときの行動を具体的に話す。
● 没頭した "理由" や、そのことから得た "学び" や "成長" も伝える。
● 没頭した期間は関係ない。「どれだけ没頭できたか」が大切。

非常識な回答

没頭したと言えるようなことが思いつきません。私は、熱しやすく冷めやすいタイプのようで、過去に長く一つのことに熱中したという経験がありません。だから、今後、没頭できる仕事を見つけて、そこで自分の力を発揮していきたいです。

[ここがNG]

● 「没頭したことがない」という回答は避けるべき。
● アルバイトや趣味など、日常生活での経験から考えれば必ずあるはず。

Q 15 最近、うれしかったことは何ですか?

常識的な回答

美術部内で共作した彫刻作品がコンクールで最優秀賞を獲得したことです。共作はチームワークがなければ完成しません。制作期間には、話し合いを欠かさず、それぞれのデザインや進行具合を確認しながら作業を進めました。時には、衝突が起きたり、制作が進まないこともありましたが、「いい作品を作りたい」という思いで、壁を乗り越えました。最優秀賞は、皆の思いが一つになった結果だと思うので、うれしかったです。

☝ [この質問で伝えるべきこと]

● 「うれしい」と思った経験やエピソードを、具体的に話す。
● その経験をうれしいと感じた"理由"を明確に話す。
● 「うれしかったこと」への、自分の努力についても語る。

非常識な回答

先日、突然、彼が旅行に連れて行ってくれました。特に記念日などではなかったのですが、彼のアルバイト代が多く入ったので、奮発して連れて行ってくれたのです。予期せぬ出来事だったので、すごくうれしかったです。

👊 [ここがNG]

● 「うれしかった」だけのエピソードは NG。
● 自分の"努力"の先にある「うれしさ」のエピソードだと良い。

Q 16 あなたが学生時代に 二番目に頑張ったことは 何ですか?

常識的な回答

　　二番目に頑張ったことは、中学生向けの塾講師のアルバイトです。その塾では、講師3名が一つのクラスを担当します。3人が同じ志を持っていなければ、良い授業や指導を行うことはできません。何度か衝突することもありましたが、「生徒が高校受験のために本気で勉強しているからこそ、まずは私たちがまとまらないといけない」という自分の気持ちを伝えました。その結果、3人が一丸となって仕事ができるようになりました。

👆[この質問で伝えるべきこと]

● 二番目に頑張ったことと、頑張った"理由"を具体的に答える。
● 面接担当者は一番頑張ったことの信憑性を確かめたい。一番目に頑張ったことと二番目に頑張ったことの"共通点"を見つけておく。

非常識な回答

　　大学に入ってからは、最も時間を費やした部活以外には、アルバイトくらいしかしていないので、たぶん二番目はアルバイトだと思います。居酒屋で働いていたのですが、声を大きく出すなど、居酒屋らしさを意識して働いていました。

👊[ここがNG]

● なんとなくといった調子で、あいまいな回答をするのはNG。
● 見つからない場合は、一番に頑張ったことから派生させて考える。

Q 17 どのようにストレスを解消していますか?

常識的な回答

　本を読むことでストレスを解消しています。私は、小さなころから本を読むことが大好きでした。私にとって読書は、とてもリラックスできることの一つです。普段の忙しい生活では、精神的に追い込まれてしまい、余裕がなくなってしまうこともあります。しかし、本を読んでいるときは、本の世界に没頭できて、日常生活で感じているストレスを忘れることができます。本を読むことで、精神的にリフレッシュできるのです。

[この質問で伝えるべきこと]

- 普段のストレス解消法を、エピソードを交えて話す。
- ストレス解消のための "考え方" や "行動" を具体的に話す。
- 「どのようなときにストレスを感じるか」も話す。

非常識な回答

　所属するテニスサークルで、当時のリーダーがあまりに自分勝手だったので、私はストレスを感じました。そこで、周りと協力してリーダーに反論し、リーダーを辞めてもらいました。とてもすっきりして、ストレスもなくなりました。

[ここがNG]

- 「途中でやめた」「あきらめた」といった解消法は NG。
- 乗り越えた経験として、必ず "前向きな経験" を話す。

Q 18 チームやグループで、何かを達成した経験はありますか?

常識的な回答

学園祭実行委員として学園祭を成功させたことです。実行委員は25名いて、時には意見がまとまらず、言い合いになることもありました。一時はどうなることかと思いましたが、話し合いを重ね、何とかやり遂げることができました。それは、実行委員全員に、学園祭を成功させたいという思いがあったからだと思います。学園祭が成功を収めて、ほかの実行委員と喜びを分かち合ったときには、大きな達成感を感じました。

👆 [この質問で伝えるべきこと]

● チームやグループで何かを成し遂げた経験を具体的に話す。
● チーム内での自分の "役割" も話すとより良い。
● 成し遂げたことの大小は関係ない。ささいな経験でもOK。

非常識な回答

部活やサークルに入っていなかったので、集団での行動の経験がほとんどありません。アルバイトも家庭教師をしていたので、集団とは程遠いです。そのため、チームやグループの中で何かを達成したというエピソードも特にありません。

👊 [ここがNG]

● 「成し遂げた経験がない」という回答はNG。過去をよく振り返る。
● 「チーム内での経験」は、選考の重要なポイントとなりうる。

Q 19 自分に足りないと思うのは どんなところですか?

常識的な回答

　　忙しくなると、冷静さを欠いてしまう点です。特に、目の前にやるべきことがたくさんあるとき、何から手をつければいいのか分からなくなることがあります。例えば、アルバイトと部活の試合、レポート提出日が重なったときに混乱してしまい、アルバイトでミスが続き、試合もレポートもいい結果が残せず、さんざんな結果に終わりました。どんなときでも、冷静に「今すべきこと」を考えて行動できると良いと思っています。

[この質問で伝えるべきこと]

● 自分を取り繕わずに、足りないと思う部分を素直に話す。
● 足りない部分を補うにはどうすればいいか、改善策を具体的に話す。
● 過去の経験から、足りない点を見つけ出すことが大切。

非常識な回答

　　私は、何事もすぐにあきらめてしまうところがあります。あきらめてしまったことで成果が出なかったり、失敗したことも何度かあるので、直したいなとは思っているのですが、意志を強く持つことは難しく、自分のことながら悩んでいます。

[ここがNG]

● 足りない部分だけでなく、改善策や予防策も伝える必要がある。
● 「足りない部分」は、「これから改善できる部分」だと考える。

Q 20 あなたは器用ですか? 不器用ですか?

常識的な回答

不器用だと思います。私は、大きな困難にぶつかったり、思い悩んだときにも、他人に相談することが苦手です。自分自身でなんとか解決しようとつい意固地になってしまい、周囲とのコミュニケーションをうまく取れないことがあります。しかし、多くの場合一人で解決することは難しく、行き詰まってしまいます。そんなときには自分の考えを改めて、周りにいる人たちを信じて、相談するようにしています。

[この質問で伝えるべきこと]

● 「器用」か「不器用」かを明確に述べる。どちらでも採用に影響なし。
● 自分が器用（不器用）だと考える"理由"を明確に話す。
● どういう部分をもって、器用（不器用）だと判断するかも伝える。

非常識な回答

器用だと思います。昔から技術の授業が好きで、高校のときにはロボットコンクールでの入賞経験があります。大学では、本格的なロボットを作るため、ロボットサークルにも入っています。この手先の器用さを御社でも生かせるよう頑張ります。

[ここがNG]

● "手先の器用さ"と勘違いしないように注意。
● この質問は、あくまで"人間性"について聞いている。

Q 21 あなたは積極的なタイプですか? 受け身なタイプですか?

常識的な回答

受け身なタイプだと思います。どんな場合でも、相手がどんな考えを持っているかを知ることから始めます。それは、アルバイトでリーダーを任された経験が影響しているかもしれません。意見を積極的に発信するよりも、周りの人の話を聞くことで理解が深まり、全員が納得のいくようにまとめることができました。この経験から、相手の要望を聞き、考えを知ることで、自分がどう動けば良いか考えるようになったのだと思います。

👍 [この質問で伝えるべきこと]

● 最初に「積極的」か「受け身」か、結論を述べる。
● 自分が積極的な（受け身）だと考える "理由" を明確に話す。
● 普段の自分の "役割" や "ポジション" で考えると分かりやすい。

非常識な回答

私は、スポーツという得意分野においては積極的です。観戦にもよく行きますし、何にでも挑戦します。今はゴルフに挑戦中です。ただ、スポーツ以外のことはまるでダメなので、受け身の姿勢で、人の話からいろいろ知ろうとしています。

👊 [ここがNG]

● 「得意分野なら積極的、それ以外は受け身」など、ケースによって変えるのは NG。普段の自分の "人間性" から考える。

Q 22 あなたはコミュニケーション能力が高い方ですか?

高いと思います。私は積極的に人に話しかけるタイプではありませんが、人と人とのかけ橋になることが得意です。高校時代、仲の良かった友達二人がささいなことからケンカをしてしまいました。私は二人に仲直りをしてもらいたかったので、それぞれの本音を聞いて、二人に伝える役割をしました。すると、誤解が解け、仲直りさせることができました。人の気持ちが理解できるので、コミュニケーション能力はあると思います。

👆 [この質問で伝えるべきこと]

- コミュニケーションに関する経験を、具体的に話す。
- コミュニケーション能力があるという"理由"を明確に伝える。
- 普段、「人とどのようなコミュニケーションを取っているか」も話す。

非常識な回答

コミュニケーション能力はない方だと思います。基本的に人との会話が苦手で、自分から人に話しかけるということはほとんどありません。特に、初対面の人との会話がうまくできないので、コミュニケーション自体が苦手なんだと思います。

👊 [ここがNG]

- 「コミュニケーション能力がない」と言い切るのは NG。
- 基本的なあいさつや YES・NO の反応が示せれば OK と考えよう。

Q 23 休日はどのように過ごしますか?

常識的な回答

休日は平日とは気持ちを切り替えて、できるだけリラックスして過ごすようにしています。例えば、趣味のピアノに時間を費やしたり、コンサートを聴きに出かけたりしています。また、ヨガのレッスンなどに行くこともあります。休日は、オンタイムとは気分を切り替えて、心身のバランスを保つことが大切だと思います。そうすることで、また明日から頑張るための活力になるので、できるだけのんびり過ごしています。

[この質問で伝えるべきこと]

● 「どのようにオンとオフの切り替えをしているか」を話す。
● 休日のリラックス方法を素直に話す。
● 休日の過ごし方から受ける"良い効果"を明確に話す。

非常識な回答

基本的に休日は 11 時ごろに起きています。それから、1 時間ほどパソコンをいじり、ニュースなどをチェックした後、お昼を食べます。午後は時間がもったいないので、買い物に出かけたり、映画を見に行ったり、外に出ることが多いです。

[ここがNG]

● ただ休日の過ごし方を話すだけの、日記のような内容は NG。
● なぜそのように休日を過ごすのか、"理由"を、明確にすることが大切。

Q24 あなたは壁にぶつかっても、粘り強く頑張ることができますか?

常識的な回答

　　粘り強く頑張れます。大学で所属していたスキー部では、思うように練習ができず、行き詰まることが何度もありました。特に、大事な大会の前に、練習場の確保が思うようにできなかったときには、本当に焦りました。しかし、室内でできる練習計画を立て、積極的に行動することで、なんとか困難を乗り越えました。壁にぶつかっても決してあきらめず、困難を乗り越えるために粘り強く頑張れる自信があります。

☝[この質問で伝えるべきこと]

● 粘り強く頑張った経験から考えて、そのエピソードを交えて話す。
● 粘り強く頑張れた "理由" も明確に話す。
● 頑張った経験から、仕事にも同じように打ち込めることをアピール。

非常識な回答

　　粘り強く頑張ることは少し苦手です。私は、すぐに投げ出してしまうところがあります。そのため、今までに自信を持って「長く続けた」と言えるような経験がありません。この性格は良くないと思っているので、これから直していきたいです。

👊[ここがNG]

● 「粘り強くありません」は NG。何かしら頑張った経験はあるはず。
● 頑張った経験の期間は関係ない。「本気で頑張ったかどうか」が重要。

Q 25 あなたは自分のどのようなところに自信を持っていますか?

常識的な回答

リーダーシップを取れるところです。高校時代に新たな部活を設立し、2年間部長を務めたことと、大学のゼミでのディスカッションの際に司会を務めていたことから、自分のリーダーシップには自信を持っています。人をまとめるのは難しいことですが、私は常に周りの人の気持ちを考え、皆が活動しやすいように考えて行動しています。そのような私の努力が伝わるからか、周囲もリーダーとして認めてくれるのだと思います。

☞ [この質問で伝えるべきこと]

- 「自信を持っている」と言える部分を、具体的に話す。
- その部分に自信を持っている"理由"を明確に話す。
- 自信を持てる部分は、"特徴"や"良さ"とつながるはず。

非常識な回答

あまりありません。水泳サークルに所属していますが、私は仲間と比べて良い成績を残せていません。試合でも勝てないことがほとんどです。サークル以外でも自慢できる経験がないので、自信を持てる部分が今の自分にあるとは思えません。

[ここがNG]

- 周りと比べるのではなく、自分が一番自信を持てる瞬間について話す。
- 成果や成績ではなく、自分の"人間性"から考える。

Q 26 あなたのこだわりは 何ですか?

常識的な回答

　　常に自分の考えを持ち、それに忠実に行動することです。私は中学時代、バレーボール部に所属していました。1、2年生の時は特にやる気がなく、先輩に言われた通りに練習していました。しかしそれでは力が伸びず、補欠に甘んじて、とても悔しい思いをしました。そこで、自分の足りない部分を補うべく、自主練習を始め、レギュラーを勝ち取ることができたのです。この経験から、自分で考えて行動することを信条としています。

👍 [この質問で伝えるべきこと]

● 自分で考えたり、行動する際の「こだわり」を明確に話す。
● 物事を判断する際の視点や、重視する点を伝える。
● 「こだわり」だと言える "理由" を、過去の経験を交えて話す。

非常識な回答

　　私のこだわりは、無農薬の野菜を摂取することです。薬品に侵された野菜は危険ですし、将来の家族や子供のことを考えたら、今からしっかり選んで食べることが大切だと思っています。最近は、無農薬野菜を扱うお店も増えてうれしいです。

👊 [ここがNG]

● 聞いているのは、食やファッションの「こだわり」ではない。
● どの質問でも、自分の "特徴" をアピールすることを意識しよう。

Q 27 あなたは健康ですか?

常識的な回答

　健康です。私は小学校の6年間、無遅刻、無欠席で、皆勤賞でした。また、大学に入ってからは一度も風邪をひいたことがありません。健康なのは、規則正しい生活や食生活を心掛けているからだと思います。また、幼いころから水泳を習っていたことで、丈夫な体を維持することができていると思います。今では、スイミングスクールのアルバイトで子供たちの指導を行っており、健康であることの大切さを実感しています。

[この質問で伝えるべきこと]

● 「健康的な生活が送れていること」を具体的なエピソードで話す。
● きちんと健康管理ができていることを伝える。
● 入院経験などがある場合は、「今は完治している」ことを話せばOK。

非常識な回答

　あまり健康ではない気がします。昔から外では遊ばないタイプだったせいか、体力があまりありません。マラソンなどでもすぐにバテてしまいます。1年に2回は風邪をひきますし、今後は少しでも生活を改善して、直していきたいです。

[ここがNG]

● 「健康ではない」はNG。企業側は、人並みはずれた体力を求めているわけではない。日常生活を送れる程度で十分。

Q 28 どんなアルバイトを していましたか?

常識的な回答

遊園地で係員のアルバイトをしています。小さな子供と接する機会が欲しかったので、係員のアルバイトを選びました。私は自分自身が子供のころ、遊園地に遊びに行って迷子になったことがあります。心細さから泣き叫ぶ私に、係員が優しく声をかけてくれました。その経験がとても印象に残っているので、私も子供たちが楽しく遊ぶことができるように、困ったことがあったら力になれるように、精一杯働いています。

☝[この質問で伝えるべきこと]

● そのアルバイトを選んだ"理由"や"醍醐味"を伝える。
● アルバイト先での働き方を、具体的に話す。
● アルバイト先で任された"役割"を明確に話す。

非常識な回答

アルバイトの経験は特にありません。お金に困っているということもなかったですし、アルバイトをする理由が特に思いつかなかったのでしなかったのですが、その分、学校にもしっかり行けたので、良かったと思っています。

✊[ここがNG]

● 「していません」でも問題はないが、しなかった"理由"は必須。
● アルバイトの代わりにどんな経験を積んだかを、具体的に話せると良い。

Q 29 アルバイトでミスをしたことはありますか?

常識的な回答

レストランのアルバイトで、お客様のオーダーを聞き間違えたことです。実は、その日は体調が悪かったのですが、ほかにシフトに入ってくれる人が見つからなかったため、無理に出勤しました。しかし、気分が悪いので集中力を欠いてしまい、オーダーを間違えてしまいました。結果的に、お客様から怒鳴られてしまい、店長にも迷惑をかけてしまいました。このことから、仕事はベストな状態で取り組むことが大切だと学びました。

☝[この質問で伝えるべきこと]

● 失敗のエピソードと、その失敗を乗り越えるためにどう考え、行動したかも明確に伝える。学んだことも伝えられると良い。
● 「失敗の経験を現在どのように生かしているか」も伝える。

非常識な回答

事務のアルバイトをしています。以前、遅刻してしまい、社内の人に迷惑をかけてしまいました。先輩にもひどく叱られ、信用をなくしてしまいました。その後は職場に行くのもしんどく、辛い日々が続いたことは忘れられません。

✊[ここがNG]

● 失敗談を話すだけでは NG。
● 乗り越えられていない場合は、現在心掛けていることを話す。

Q 30 友人間での あなたのポジションは?

常識的な回答

友人のサポート役に回ることが多いです。私は高校時代から現在も、サッカー部に所属しています。しかし、大学2年生のときにケガをして、選手としてプレーを続けることが難しくなってしまいました。退部するかどうか悩みましたが、私はサッカー部に残って、マネジャーとして仲間をサポートする道を選びました。みんなの様子をうかがって、サポートすることにやりがいを感じ、今はマネジャーの仕事に誇りを持っています。

👆[この質問で伝えるべきこと]

● 友人間での"ポジション"について、具体的な経験を交えて話す。
● "ポジション"を話すことで、自分の"特徴"も伝える。
● 「自己PR」との一貫性も持たせる。内容が似てもOK。

非常識な回答

この間、友人と旅行をしたのですが、そのときは私が中心となって計画を立てました。「すごく楽しかった」と言ってもらえてうれしかったです。大学2年のときの学園祭では、リーダーの指示を受け、任された仕事に全身全霊で取り組みました。

👊[ここがNG]

● 一貫性のない回答はNG。「自分を理解していない」と取られてしまう。
● イベント時ではなく、普段の自分がどんなポジションかを考える。

Q 31 あなたが関心のある人は誰ですか?

常識的な回答

元ラグビー日本代表の福岡堅樹さんです。彼はスポーツ選手でありながら、学業に打ち込み、解説者としても活躍している姿が素晴らしいです。どれも力を抜くことなく、全てにおいて全力で取り組んでいます。私も好奇心旺盛で色々なことに興味がありますが、途中で諦めることもあります。今後も彼の物事に対する取り組み方を参考に、私も自分で興味をもったことは中途半端に取り組むことのないよう、考えて行動したいです。

[この質問で伝えるべきこと]

- その人に関心を持っている"理由"を明確に話す。
- 「どのようなところに魅力を感じるか」を話す。
- 自分との"共通点"や"違い"を伝える。

非常識な回答

元ラグビー日本代表の福岡堅樹さんです。ラグビーがとても好きで試合をよく観に行っていたのですが、そこで彼のプレーを観て、ファンになりました。それ以来、彼の活躍にとても関心を持っています。

[ここがNG]

- 「なぜ関心があるのか」の"理由"がよく分からないので NG。
- 関心がある人を通じて、自分自身のことをしっかり伝える。

Q 32 あなたが今までに影響を受けた人は誰ですか?

姉です。私の姉は、決して口数が多い方ではないのですが、一度決めたら最後までやり通す、芯の強さを持っています。姉は、とても難しいと言われている司法試験にチャレンジして、3年間かけて合格しました。姉の頑張る姿を見て、最後までやり通す強い意志があれば、どんなに難しいことでも達成できることを学びました。それから私は、この就職活動で、難しいと言われる職業に挑戦することを決めました。

👍 [この質問で伝えるべきこと]

● 「誰に、どのような影響を受けたか」を経験談とともに話す。
●影響を受けたことによる自分の"成長"や"変化"を伝える。
●影響を受けた人は、両親や先輩、友人や兄弟など、どんな人でもOK。

非常識な回答

高校時代の友人です。友人はサックスの演奏が趣味で、私にもサックスを勧めてきました。そこで、実際に吹いてみると、音は出しづらかったものの、楽器に触れることが新鮮で、ハマりました。友人のおかげで、生涯の趣味が見つかったのです。

👊 [ここがNG]

● "影響"とは、趣味や好みに関するものではないので注意。
●この質問では、考え方や行動に対しての"影響"を聞いている。

Q33 あなたは友人から どんな人だと言われますか?

常識的な回答

大学の友人からは、よく「几帳面」だと言われています。授業は皆勤賞ですし、授業のノートも細部まで記録しているので、そのように思われているのだと思います。また、アルバイト先の友人からは、「真面目」だと言われます。自分の中で満足していない仕事があると、納得できるまで追求したり、改善しようとすることが多くあります。そのような取り組みを見て、このような評価をしてくれているのだと思います。

👍 [この質問で伝えるべきこと]

● 本当に心を通わせている友人から聞いた評価を、そのまま伝える。
● 友人の評価から考える、具体的な経験やエピソードを交えて話す。
● 「自己PR」と合わせるために、創作するのは絶対NG。

非常識な回答

自分では柔軟なタイプだと思っているのですが、周りからは「頑固だよね」と言われます。友人からは、「自分の意見をしっかり持っていて、意志が強くてうらやましい」と言ってもらえるので、自己分析と違いますが、悪い気はしていません。

👊 [ここがNG]

● 「自己PR」と一致していないものはNG。
● 本当に心を通わせている友人からの評価は、自己分析と一致するはず。

Q 34 あなたに影響を与えた人について教えてください。

常識的な回答

　　両親はとても厳しく私に指導をしてくれます。特にあいさつやマナーについては厳しく、私が周りの人々に失礼な行動を取ると、厳しく叱られました。時には納得がいかず、反発してしまうこともありましたが、私を思うからこそ厳しく接してくれたのだと分かり、感謝しています。今では、基本的なマナーやあいさつが身についているからこそ、周りの人々とより良い人間関係が築けているのだと思っています。

👆[この質問で伝えるべきこと]

● 家族や友人などから受けた "影響" について具体的に話す。
● できれば、自分が育った環境、バックグラウンドについても話す。
● "影響" がプラスに働いた経験を具体的に話す。

非常識な回答

　　私の両親は、私の意見を聞き入れてくれることがありません。私がやりたいと言ったことに、頭ごなしに反対することも少なくありませんでした。そんなことが続き、私は我慢をすることを覚えました。我慢強くなり、良かったと思います。

✊[ここがNG]

● わざわざ "マイナスの影響" を話す必要はない。
● 良い影響は必ずあるはずなので、よく振り返る。

Q 35 友人はたくさんいますか?

常識的な回答

友人は少ない方だと思います。しかし、その分、一人ひとりの友人と濃い付き合いができています。高校時代の三人の親友とは、お互いにさまざまな悩みを打ち明ける仲です。違う大学に通う今も、週に一回は会う時間を作り、お互いの近況報告をしたり、考えていることを話し合います。また、会って話ができないときも、電話やメールで逐一、連絡を取り合います。そのため、友人とのつながりはとても濃いと思います。

👆[この質問で伝えるべきこと]

- 自分にとって友人がどういう存在なのかを話す。
- 最初に「多い」「少ない」の結論を述べる。
- 友人が多い（少ない）と思う"判断基準"も伝える。

非常識な回答

友人と呼べる人はいません。私はこれまで、学業に必死に取り組んできました。そのため、友人と遊ぶということがほとんどありませんでした。コミュニケーションを取って仲を深めるという経験がないため、友人と呼べる人はほぼいません。

👊[ここがNG]

- 「いない」と言い切ると、「人付き合いができない」と誤解される。
- この質問は「友人の数」ではなく、「人間関係の築き方」を聞いている。

Q36 就職活動について、誰かに相談することはありますか?

常識的な回答

兄に相談しています。兄が働く業界に興味があるので、詳しく話を聞いています。また、私の性格を知ったうえで助言をしてくれるため、すごくためになります。私は、じっくり考えずに、焦って結論を出してしまうところがあるので、「将来をしっかり見据えて、やりたい仕事を選ぶことが大切だ」とアドバイスをくれました。そのおかげで、私は軽い気持ちではなく、将来の目標や夢をしっかり思い描きながら、就職活動ができています。

👍[この質問で伝えるべきこと]

● 相談相手を具体的に答える。その人に相談する"理由"も必須。
● 相談相手から受けたアドバイスと、その"影響"について、具体的なエピソードとともに話す。

非常識な回答

彼です。現在、一緒に就活をしているので、私から不安や悩みを打ち明けることが多いです。企業研究のやり方から、面接でのマナーに至るまで、お互いに困ったことを話し合うと、スッキリしてまた頑張ろうという気持ちになれます。

✊[ここがNG]

● 相談相手が彼でなければいけない"理由"が不十分。
● 相談したことで、何を得たかもしっかり伝える。

Q 37 就活を通して改めて知った自分の良さはありますか?

常識的な回答

　　冷静な自分です。就活を進める中では、思うような結果が出ないことが多くあります。時には悩むこともありましたが、決して自暴自棄になることはなく、「今の自分には何が足りないのか」を冷静に分析していました。そして、より良い方法を見つけ、決してあきらめることなく、就活を続けています。以前はもっと打たれ弱い部分があると思っていましたが、就活を進める中で、強くなれたのだと実感しています。

[この質問で伝えるべきこと]

● 自己分析を進める中で気付いた、自分の性格を明確に伝える。
● 新たに気付いたことに対して、どう行動しているかも話す。
● 「就活前の自分」と「始めてからの自分」を比較して話すのも良い。

非常識な回答

　　特にありません。就職活動を始める前にしっかり自己分析を行ったので、そこからブレはありません。就活の中でも、しっかり自分を貫くことができているんだと思います。ですので、社会に出てからも自分の良さを守り続けたいです。

[ここがNG]

● 「ありません」は、自分を振り返っていないと受け止められかねない。
● "自己分析"は就活を始めたら終わりではない。就活中も続けて行う。

Q 38 あなたが通っている大学、学部は、どのような理由で選びましたか?

常識的な回答

　私は将来、建築関係の仕事で活躍したいと考えていました。そのため、専門的な知識や技術を学べる大学に行きたいと思い、住環境デザイン学科を志望しました。現在通っているM大学は、建築の中でも、デザインや快適な暮らしについて学べるということで、魅力を感じました。また、教室での授業だけでなく、実験や実際の建築物に触れる機会も多いと聞き、幅広い知識を身につけることができると思い、入学したいと思いました。

[この質問で伝えるべきこと]

● 大学入学前に、どのような基準で大学を選んだかを素直に話す。
● 第二志望だった場合や、志望理由がなかった場合は、素直に当時の思いを話し、「今だったらここが良いと思う」と補足すればよい。

非常識な回答

　現在通っている大学は、当時の自分の成績に合っていたので選びました。所属しているのは文学部ですが、国語が得意だったので、適性から考えても、文学部が合っていたと思います。それ以外に特に理由はありません。

[ここがNG]

● あまりにも薄すぎる「志望動機」の場合は、それだけだと不十分。
● 「実際に通っている今だったらこう考える」と追加すると良い。

Q39 ゼミや研究室での研究テーマは何ですか?

常識的な回答

　私は「身体障害者の社会活動」について学んでいます。このテーマを選んだ理由は、叔父が聴覚障害者であるからです。叔父は障害を持ちながらも仕事に就いていますが、まだまだ障害者の働く場所や環境が十分に整っていないのが現状です。私は、各市町村と協力して、環境作りに取り組めるような仕事をしたいと考えています。私の良さである実行力を生かし、できることはどんどん進めて、身体障害者の環境を良くしていきたいです。

[この質問で伝えるべきこと]

- 必ず最初に研究のテーマを明確に伝える。
- なぜその分野に興味があるのかの"理由"を伝える。
- 研究テーマが定まっていない場合などは、方向性だけでも話す。

非常識な回答

　「地震」について研究しています。地震とは、普段は固く密着している地盤や岩盤が急にずれ動くことで、一般的に地震と言われている地面の揺れは地震動といいます。私は、地盤と岩盤のずれ、つまり断層がなぜずれるのかを研究しています。

[ここがNG]

- 専門用語ばかりの説明は NG。誰でも分かるように説明すべき。
- 面接担当者は、研究の内容を詳しく知りたいわけではないので注意。

Q 40 残りの学生生活で したいことは何ですか?

常識的な回答

　家庭教師のアルバイトに全力を注ぎたいです。私は2年前から、高校受験を控えた中学生の指導をしています。今年が受験なので、就活の合間を縫って、今も家庭教師をしています。忙しい中でなぜ指導を続けるかというと、私も高校受験のときに、当時の家庭教師の大学生に親身に勉強を見てもらい、見事志望校に合格した経験があるからです。自分と同じ喜びを味わってほしいので、少しでも力になりたいと思っています。

[この質問で伝えるべきこと]

● 限られた時間をどう過ごすか、やりたいことを具体的に話す。
● そのことをやりたい"理由"を明確に話す。
● 提示された期間を踏まえて、できることを考える。

非常識な回答

　せっかくなのでアルバイトに精を出そうと思っています。就職したら、基本的にアルバイトはできませんし、社会人になったら素敵な生活を送りたいので、そのためにも、今アルバイトをしてお金を貯めておくことも大事だと思っています。

[ここがNG]

● ただ単純にしたいことを言うだけでは何も伝わらないので注意。
● 自分の"人間性"や"経験"と重ねて、理由を話せると良い。

Q 41 高校と大学で、それぞれどのように成長したと思いますか?

常識的な回答

高校時代は受験勉強に最も力を入れていたので、壁にぶつかっても一人で乗り越えて、努力を続けてきました。どんなときも頼れるのは自分だけだと思い、精神的に強くなったと思います。大学に入ってからは柔道部に入部しました。団体戦で出場する大会に向けて、みんなで同じ目標に向かって練習に励み、辛いときも支え合いながら頑張りました。仲間がいるからこそ頑張れる自分に気付き、さらに大きく成長したと思います。

☝[この質問で伝えるべきこと]

● 「高校での成長」と「大学での成長」をそれぞれ具体的に話す。
● 「高校での成長」と「大学での成長」の違いを話すのも OK。
● それぞれの成長が違うと感じる "理由" を明確に話す。

非常識な回答

高校生のころは何も考えずに行動することを怒られていましたが、大学ではあまり怒られなくなりました。それは、大学では周りの意見を聞いて、考えるようになったからだと思います。振り返ってみると、私も大人になったんだと感じます。

✊[ここがNG]

● 根本的な性格はそうそう変わらないため、エピソードとしては不向き。
● この質問は、"性格の変化" ではなく "成長した部分の違い" と考える。

Q 42 あなたの大学の良さは何ですか?

的な回答

何でも学生主体で行うことができるところです。特に、新しい部活やサークルを設立することには寛容で、私は大学に入って、友人と放送部を設立しました。最初は、放送部が活動できる場が少なかったのですが、徐々に校内放送などを任せてもらえるようになりました。そのほか、学園祭なども学生が自由に企画を立てることができます。私たちが自由に活動できるのも、学生の主体性を認めてもらえる環境があるからこそだと思います。

👍[この質問で伝えるべきこと]

- 実際に大学に通って肌で感じた"良さ"を具体的な経験とともに話す。
- 学業の面だけでなく、サークルやゼミ、学生の特徴などでも良い。
- 自分が良いと思うのがどこか、視点をはっきりさせる。

非常識な回答

入学前の高校時代に感じた大学の良さは、「スポーツ関連の施設が豊富」、「関東最大の図書館」、「学園祭が楽しい」などがありました。実際に入学してみて、高校時代に感じた良さはそのままだったので、入って良かったと思います。

👊[ここがNG]

- 高校のころの志望理由を話すだけでは NG。
- 大学のパンフレットに書いてあるような内容では不十分。

Q43 あなたの夢は何ですか?

常識的な回答

社会貢献をすることです。中学時代にお世話になった先生は、私にボランティア活動を勧めてくれました。私は勧められるままに、通学路のゴミ拾いを始めました。少しでも人の役に立てていると思うとうれしく、このような達成感をまた味わいたいと思いました。私は御社に入って、人の役に立つ商品を開発することで、社会貢献ができると考えています。より多くの人の不便をなくすような商品を作ることが、私の夢です。

[この質問で伝えるべきこと]

● 自分の夢や目標を、そう考えた理由や経験とともに話す
● 夢の実現に向けて取り組んでいることを具体的に話せると良い。
● 自分の "特徴" や "良さ" につながるような内容が好ましい。

非常識な回答

私の夢は、マイホームを建てることです。気の早い話かもしれませんが、昔からの夢です。実家は集合住宅で、一戸建ての家に憧れます。ですので、30歳くらいまでにはマイホームを建てたいです。理想を言えば、庭で大型犬を飼いたいです。

[ここがNG]

● あまりにプライベートすぎる夢は避けるべき。
● 夢の内容よりも、その "理由" や "努力" を話すことが大切。

10年後の目標は何ですか?

常識的な回答

御社に入社して、リーダーシップを発揮していたいと思います。まず、入社3年目までには仕事を一通り覚えて、先輩たちと肩を並べられるような営業成績を残したいと思います。さらに、年数を重ねたら、後輩を指導できるようになりたいです。そして10年後には、営業成績トップを達成し、営業リーダーや各支店の支店長など、何かしらリーダーシップを発揮できるポジションに就きたいと思っています。

☝[この質問で伝えるべきこと]

● できるだけ具体的に、10年後の目標、キャリアビジョンを語る。
● 目標を達成するために、努力している、またはどのような努力をしようと思っているかも伝える。

非常識な回答

後輩の見本となるような先輩になりたいです。アルバイトでの経験ですが、後輩の面倒をよく見てくれる先輩がいました。その先輩は、後輩だけでなく店全体で慕われていて、憧れでした。私もいろんな人から慕われる人間になっていたいです。

👊[ここがNG]

● 抽象的なイメージだけを話すのはNG。
● 10年後にどんな仕事ができるか、把握しておく必要がある。

就活生の お悩み相談室

リアル

to:	才木先生
from:	就活生　平田ナナコ

件名：　エントリーシートの書き方のコツは？

　エントリーシートや履歴書を書くに当たって、どんなことを、どのくらいまで書けばいいのか分かりません。"自分の良さ"を伝えたいと思うのですが、どうすれば伝わるのでしょう？ エントリーシートの書き方のコツを教えてください！

to:	就活生　平田ナナコ
from:	才木先生

件名：　内容の"一貫性"が最も重要!

　私は、実際に就活生のエントリーシートを添削しているのですが、その経験から感じるのは、多くの学生が、自分のやってきた出来事をただ書いているだけだということ。自分の特徴や良さが何も伝えられていないのです。人間性を伝えるためには、すべての質問の回答に"理由"や"根拠"が必要です。また、回答の"一貫性"も重視してください。この質問では、積極的な人柄が分かる、こちらでは落ち着いていて思慮深い……など、一つのエントリーシートでさまざまな人間性が見えてしまっては、読み手が混乱します。一貫性のある回答を心掛けましょう。

Column 4

CHAPTER 5

第5章

常識
非常識

企業に関する
定番質問編

続いては、
「企業に関する質問」について、
常識＆非常識な回答を解説します。
志望動機を中心に、
専門的な知識を求められる質問も多数。
質問の意図をよく理解して、
回答を考えましょう。

Q 01 当社を志望する理由は何ですか?

常識的な回答

　私は中学時代から、バレー部のマネジャーをしており、頑張る人をサポートすることにやりがいを感じています。御社は、精密機器の土台となる部品作りを行っており、社会のあらゆる商品の下支えをしているという意味で、とても興味を持ちました。入社後は、御社の製品作りをよく理解し、これまでの実績に恥じないような仕事ができるように努めたいです。また、"人をサポートする"という自分の良さを生かしたいと思います。

☝[この質問で伝えるべきこと]

● その企業で働きたい"理由"を明確に話す。
● その企業でやりたい仕事も話に盛り込む。
● 企業の中で生かせる自分の"良さ"や"能力"も伝える。

非常識な回答

　志望理由は、御社がサービス第一と考えている企業だからです。企業は単体で活動しているわけではありません。お客様あってこそ成り立つものだと思うので、そのお客様のために最高のサービスを提供している御社は魅力的です。

✋[ここがNG]

● どの企業にも当てはまるような、ありきたりな内容はNG。
● その企業ならではの特色を入れると、具体的な内容になりやすい。

Q 02 この会社で やってみたい仕事は 何ですか?

常識的な回答

　まず販売員として基礎知識を身につけ、現場での声を聞き、将来的にはバイヤーを担当したいです。私には、お客様の悩みや希望を知り、最適なサービスを提供したいという、仕事選びの基準があります。そのため、まずは生の声を聞き、その後、お客様と商品を結ぶバイヤーを担当したいと思っています。学生時代の部活で培ったチームワークを武器に、周囲と力を合わせて、魅力的な商品を提供していきたいです。

☝[この質問で伝えるべきこと]

● その企業でやりたいことを具体的に、できるだけ詳細に話す。
● 自分が発揮できる "能力" について、具体的に話す。
● 十分に企業研究をしたうえで、できる仕事を考える。

非常識な回答

　流行の最先端となるような商品を作りたいと思っています。私の夢は、自分の手で流行を生み出すことです。これまで、さまざまな流行を生んできた御社でこそ、その夢が叶うと思っています。その夢に向かって、奮闘したいと思っています。

☝[ここがNG]

● 抽象的なことではアピールにはならない。
● 「この企業だからこそ」という "理由" は不可欠。

Q 03 当社の魅力は どこにあると思いますか?

常識的な回答

> 御社の魅力は、「チャレンジ精神」だと思います。先輩訪問や会社説明会で社員の方々とお話しする機会があって感じたのですが、社員の方々が皆、御社のチャレンジ精神を歓迎しているようでした。特に、新商品開発への貪欲なまでの活動は、尊敬に値します。私もアルバイト先で、皆で創意工夫をしながら仕事に取り組んだことで、やりがいを感じました。御社でも、自分から積極的に働きかけて仕事をしたいと思います。

☝ [この質問で伝えるべきこと]

- 最も魅力を感じる部分を伝える。志望動機ともつながるはず。
- その部分が魅力的だと感じる"理由"を具体的に話す。
- 魅力的な部分と重ねて、自分がやりたいことも伝えられると良い。

非常識な回答

> 福利厚生の療養施設があるところです。仕事をするうえで、リラックスすることも大切なことだと思っています。ですから、このようにリラックスできる施設を用意している御社は、非常に素晴らしいと思いました。

✊ [ここがNG]

- この質問は、企業の環境や設備を聞いているわけではない。
- あくまで企業での"働き方"や"業務内容"から考える。

Q 04 当社の企業理念は覚えていますか?

覚えています。「多くの人々との出会いを通じて、新しく深みのある価値を発見し、美しい生活文化を創造します」です。「多くの人々との出会いを通じて」という言葉が印象的で、人とのつながりを大切にしているからこそ、多くの方から支持されているのだと強く感じました。

👍 [この質問で伝えるべきこと]

- 企業理念をそのまま答え、受けた印象も付け加える。
- 聞かれたことだけを簡潔に答えるようにする。
- 覚えていない場合は、素直に「覚えていません」と言う。

非常識な回答

確か、「新しい価値のある、美しい文化の創造」みたいな感じだったかと思います。素敵な企業理念だと感じました。

👊 [ここがNG]

- あいまいにごまかすのは論外。評価が下がる可能性がある。
- 覚えていない場合は、企業理念以外に印象に残った部分を話す。

Q 05 説明会を通して、当社にどのような印象を持ちましたか?

常識的な回答

「一人でも多くのお客様をサポートできるように頑張っている」というお話が印象的でした。保険という商品を通して、特に年配の方へのサポートに力を入れていきたいという思いは、大変頼もしく感じました。私も、カフェのウエートレスのアルバイトでは、幅広い世代のお客様の手助けができればと思い、働いていました。自分の志と似ていたところにとても共感し、ぜひ御社で働きたいと思いました。

[この質問で伝えるべきこと]

● 説明会に参加して、印象に残ったことを具体的に話す。
● そのように感じた"理由"を明確に話す。自分の特徴や良さと、企業の特徴が結びついた"理由"だと良い。

非常識な回答

社員の方々がすごくイキイキしていて、感動しました。説明会の前から思っていたとおり、働きがいのある会社なんだなと改めて思いました。私も御社で働くことができたら、この社風を尊重して、仕事を楽しみたいです。

[ここがNG]

● 表面上だけの薄い内容は NG。
● 説明会前に調べておくことで、より深く企業が見えてくるはず。

Q06 当社のホームページを見て、どんなことに興味を持ちましたか?

常識的な回答

商品を数多く展開している点です。20 代から 30 代の人をターゲットにした商品展開を行っていることは知っていましたが、高齢者の方々をターゲットとした商品開発も積極的に行っていることは知りませんでした。人生 100 年時代と言われている今、若者だけをターゲットにするのではなく、高齢者を含めたすべての人々がターゲットになっていることが企業の利益につながると感じました。

👍 [この質問で伝えるべきこと]

● ホームページを見て、興味や面白さを感じた部分を素直に話す。
● 印象に残った"理由"も必ず話す。自分の価値観や、過去の経験などと結びつけると伝わりやすい。

非常識な回答

「環境問題への取り組みに力を入れている」という部分です。環境問題は全世界から関心を集めていますし、意識的に取り組んでいる御社は、高い志を持っていると分かり、感動しました。私もぜひ、協力させていただきたいです。

👊 [ここがNG]

● 企業が売りにしているところを、指摘しなくても良い。
● 企業の売りにこだわらず、自分が興味を持ったことを話すべき。

131

Q 07 当社の課題は何だと思いますか?

常識的な回答

御社の商品の流通方法が課題になると思います。御社では、まだインターネットや電話による通信販売は取り入れていません。しかし、最近は通販を利用するお客様も増えています。私自身も、よくネットショッピングを活用しています。また、なかなか買い物に出かけられない高齢者の方にも、通販は有効です。より多くの方に御社の商品を利用してもらうためにも、販売方法は今後の課題になると思います。

[この質問で伝えるべきこと]

● あくまで学生の視点で感じた課題を話す。
● 課題を感じた"理由"や具体的なエピソードも明確に話す。
● 課題がないと感じたら「ありません」でも OK。

非常識な回答

御社でも、最近流行りのマイナスイオンを取り入れた商品を作るべきだと思います。多くの企業ですでに取り入れているものなので、このままでは時代遅れになってしまいます。新商品の開発に力を入れた方がいいと思います。

[ここがNG]

● 課題を聞かれているとはいえ、企業を否定しすぎるのは問題。
● 専門的な知識がないのに、仕事内容に言及するのはNG。

Q 08 同業他社ではなく、当社を選んだ理由を教えてください。

常識的な回答

御社の「五感で食を楽しむ」というコンセプトに共感したからです。最近では、食は一つのエンターテインメントになっていると思います。味だけではなく、香りや見た目など、食には多くの要素がかかわっています。私は、中学時代から美術部に所属して、自分が作り出す絵や彫刻で、多くの人に喜んでもらいました。私の「常に周りの人のことを考えて楽しませることができる」という特徴を、御社であれば生かせると信じています。

☝ [この質問で伝えるべきこと]

● その企業を選んだ"理由"を明確に伝える。
● その企業でやりたいことと、自分の力がどう生かせるかも話す。
● 企業・業界研究の中で、同業他社との比較をしておくこと。

非常識な回答

同業他社であるB社で行っている事業は、環境問題を無視しているところが、とても残念でした。このエコの時代に、自然を壊して原材料を手に入れているなんてありえないと思います。環境を重視している御社が良いと思いました。

✊[ここがNG]

● 他社を引き合いに出す必要はない。他社の批判などは論外。
● 他社の話ではなく、あくまでもその企業の良さを話す。

Q 09 この業界を志望する理由は何ですか?

常識的な回答

大学時代の服飾店でのアルバイト経験から、サービス業界を志望しています。アルバイトでは、お客様に洋服を買ってもらうためにはどうすれば良いかを考えてきました。マニュアルだけではお客様の心はつかめないので、私なりの接客法を考えたり、改めて基礎からの知識を蓄えました。その結果、店の売り上げを上げることに成功したのです。そこでより質の高い接客を研究していきたいと思い、サービス業界を志望しています。

☝ [この質問で伝えるべきこと]

● その業界を志望する "理由" を明確に話す。
● 業界についての知識が必要。活字だけではなく、自分の経験を踏まえたり、実際に店舗などに足を運んで情報収集をしておく。

非常識な回答

私がマスコミ業界を目指す理由は、新しい情報が溢れているからです。私はミーハーなので、新しい情報に触れることが好きです。今まで知らなかったことも知ることができると思うので、とても魅力的だと思います。

[ここがNG]

● どんな業界にも通じる "理由" は NG。
● 「この業界だからこそ」と言える "理由" は必ず見つけておく。

Q 10 10年後、当社でどんなポジションに就きたいと思いますか?

常識的な回答

　スーパーバイザーとして、人をまとめる立場に就きたいです。入社してしばらくは、とにかく与えられた仕事をこなして、力をつけたいと思います。そして、10年後にはスーパーバイザーとして、仕入れ商品の判断や後輩の教育などにも携わりたいです。私は所属したテニスサークルでも代表を務め、人をまとめることにやりがいを感じてきました。スーパーバイザーの仕事に就くことで、自分の力を発揮できると考えています。

☝[この質問で伝えるべきこと]

- 10年後の目標を、具体的なポジションや仕事内容とともに話す。
- やりたいことと自分の"特徴"をつなげて伝える。
- 10年後、20年後のビジョンを持っておくことが必要。

非常識な回答

　社員みんなと仲良く、いい環境の中で仕事をしていたいです。そのためには、チームワークを築くことが大切だと思います。なるべく仲間と意思の疎通を図り、いい関係を築くことで、楽しく和気あいあいとした環境で働けると思います。

👊[ここがNG]

- 抽象的なイメージはNG。
- 環境や人間関係ではなく、具体的な業務内容を答える。

Q 11 当社の志望順位を教えてください。

常識的な回答

第一志望群です。常にチャレンジを続ける御社では、好奇心旺盛で、常に新しい挑戦を続ける私の特性が、必ず発揮できると思います。また、私はこの業界にもとても興味があるので、御社で働きたいと思います。

[この質問で伝えるべきこと]

● 企業は熱意を見たいので、迷わずはっきり答えることが大切。
● 第五志望までなら、躊躇せずに「第一志望です」と答える。
● 志望度が高くない場合は、「第一志望群です」と答える。

非常識な回答

現在、いくつかの会社の選考が進んでいるので、まだ御社が第一志望とは言い切れません。広く社会を見ることで、自分に合う企業が見つけられると思うので、これからもいろんな企業を見て、自分にぴったりの企業を見つけたいと思っています。

[ここがNG]

● 回答に迷った時点で「入社意思がない」と見なされる可能性がある。
● 内定を決めるのは、あくまで企業側であることを意識すべき。

常識的な回答

　私の企業の選択基準は、「尊敬できる上司、先輩がいるかどうか」です。私は高校時代、バレー部に所属しており、部内に尊敬できる先輩がいました。私は、部ではキャプテンを務め、学年トップの成績を収める先輩に憧れ、先輩を目標として努力を続けました。私は明確な目標があると、それを目指して頑張ることができます。社会に出てからも、尊敬できる上司、先輩に刺激を受けて働くことで、成果を残したいです。

[この質問で伝えるべきこと]

● 会社選びの "考え方" や "軸" を具体的に話す。
● 業界で絞る必要はない。「自分を高めていける会社」「社員が一丸となっている会社」など、人や環境に軸を置いてもOK。

非常識な回答

　会社を選ぶ基準は「給与体系」です。社会に出て一人で生活をするには、お金が必要です。私は特に、賞与がきちんとあるかどうかはチェックしています。そのほか、福利厚生がしっかりしているかどうかも見ています。

[ここがNG]

● 給与体系や福利厚生のような、制度のことを話すのは的外れ。
● 社風や業務内容の中から見つけた基準を話すべき。

Q13 仕事で生かせる、あなたの特徴や良さを教えてください。

常識的な回答

辛いことや悔しいことをバネにして、自分を成長させることができる点です。私は、高校時代にカナダへ短期留学をしました。英語力には自信があったのですが、ネイティブの会話は難しく、悔しい思いをしました。そこで、語学スクールの先生に個人レッスンを頼んだり、現地の方に積極的に話しかけ、英語力を身につけました。悔しさをバネに頑張った経験があるので、入社後も、自分に足りない点を振り返り、成長できると思います。

[この質問で伝えるべきこと]

● 自分の "特徴" を、過去のエピソードを交えて話す。
● 過去の経験をもとに、どのような気持ちで仕事に取り組もうと思っているかを明確に伝える。

非常識な回答

漢字検定2級を持っています。漢字能力は一般的な社会人の基礎として必要です。漢字をたくさん知っていることは、仕事でも必ず役立つと思います。漢字検定2級こそが、入社後に生かせる私の特徴です。

[ここがNG]

● まだ働いていないので、業務に生かせる "強み" を考えなくて良い。
● 資格を紹介する場ではない。あくまで "人間性" から考える。

なぜ就職したいと思うのですか?

常識的な回答

社会貢献がしたいからです。就職をすれば、会社での仕事を通して、地域や国のために貢献することができると考えています。アルバイトでもお金を稼ぐことはできますが、会社に就職することで、仕事の幅も広がり、より深く社会にかかわることができると思います。また、一人でボランティア活動などをするよりも、就職して組織の一員となることで、より大きな規模で社会貢献ができると思っています。

[この質問で伝えるべきこと]

● 「自分にとって就職とは何か」、働くことの意義を具体的に伝える。
● 周りに流されたのではなく、自分の意思で就職したいことを示す。
● 仕事を通じてやりたいこと、目標も具体的に話す。

非常識な回答

将来のためです。30歳、40歳になったときにアルバイトではなく、正社員になりたいと思います。また、正社員となれば、お給料を毎月一定額もらえるので安心です。ぜひ企業に就職したいと思います。

[ここがNG]

● 企業で働きたいという熱意と意欲が感じられない。
● 一社会人として、働く意識を持って答えることが大切。

Q 15 希望していない部署に配属された場合、どうしますか?

常識的な回答

どんな部署でも、前向きに働くことができると思います。私は、御社の「社員みんなが一丸となって働く」という点に、大変共感しております。どんな部署であっても、チームワークを大切にし、一つの目標に向かって努力する点は変わらないと思います。まずは、どんな部署でも、御社の一員となって働くことを目標としています。そのうえで、将来はお客様の役に立つ、商品の開発の仕事に携わりたいと思います。

☝ [この質問で伝えるべきこと]

● 企業に対する "熱意" や "意欲" を話す。基本的には、「企業に魅力を感じたので、どの部署でも構わない」と答える。
● 希望する部署がある場合は、最後に付け加えてもOK。

非常識な回答

私は、営業職以外は考えられません。御社の先輩訪問をしてお話を伺い、アグレッシブかつ、お客様を第一に考えた営業活動にとても感銘を受けました。ほかの部署は考えられないので、ぜひ、営業職として働きたいと思っています。

[ここがNG]

● "部署" ではなく、"企業" への意欲を示す。
● 「考えられない」「ほかの部署は無理」ではなく、前向きな回答を。

Q 16 転勤はできますか?

できます。先輩訪問などで御社に転勤があることは聞いていましたし、転勤のあるなしにかかわらず、ぜひ御社で働きたいと思っています。また、私の良さは好奇心旺盛なところです。これまでに住んだことのない土地に移り住み、御社でのやりがいのある仕事ができると思うと、とてもわくわくします。場所が変わることで、また新たな気持ちで仕事に打ち込むことができると思うので、転勤は歓迎します。

☝[この質問で伝えるべきこと]

● できるだけ前向きな回答を。事前に企業研究をして、転勤がある企業かどうかを調べておく。
● 転勤が大丈夫な"理由"も話す。自分の"人間性"もアピール。

非常識な回答

私は住み慣れた環境でこそ力を発揮できる人間です。転勤で行ったこともない土地に移り住むのは不安なので、関東圏でしたらなんとか大丈夫だと思います。それ以外の場所に転勤になるのは、正直困るので、避けたいです。

👊[ここがNG]

● 「転勤はできません」は NG。「関東圏なら」など、自分から場所を指定するのは言語道断。働く意欲を疑われる。

Q 17 当社で目指したい ゴールはありますか?

常識的な回答

　国内だけでなく、世界中の人々に利用していただくことです。そのためには、社内、社外の方々とコミュニケーションを取り、海外の人が求めていることや課題を常に把握することが重要だと思います。私のコミュニケーション力と行動力を活かしながらゴールを目指したいと思います。

[この質問で伝えるべきこと]

● ゴールを明確に示す。
● そのためにするべきことを伝える。
● 自分のどのような良さを活かしてゴールを目指すのかを話す。

非常識な回答

　特に考えていません。入社してどのような仕事に取り組むのか、まだはっきりしていないので、入社してから考えたいと思います。まずは、社会人として慣れることからだと思います。

[ここがNG]

● 企業研究を行い、働くイメージを持つこと。
● キャリアプランも考えておくことが大切。

Q 18 内定をもらっても、就活は続けますか?

的な回答

就活は続けません。志望している企業なので、内定をいただいたら入社するつもりです。また、現在選考が進んでいる会社については、辞退させていただきます。

☞[この質問で伝えるべきこと]

● 企業は入社の意思があるかを知りたいので、「就職活動をやめる」と伝えるのが望ましい。その後、気持ちの変化があれば、改めて考える。

● 「この企業に全力を注いでいる」という"熱意"を伝えるべき。

非常識な回答

内定をもらっても続けます。まだ志望度の高い企業の面接がいくつか残っているので、就活は続けたいと思います。将来的に後悔したくないので、自分が納得できるように、できる限り続けて、いい結果を勝ち取りたいです。

✊[ここがNG]

● 「この企業に入社する気がない」と言っているのと同じ。

● あくまでも、企業への熱意を伝えるための質問だと考える。

Q 19 他社の選考状況を教えてください。

常識的な回答

現在5社の選考が進んでいます。2社は最終選考まで、3社は一次選考や二次選考といった初期の段階です。どれも金融業ですが、その中でも、御社を強く志望しています。

☝[この質問で伝えるべきこと]

● 現在の選考状況を素直に伝えて良い。
● 基本的には「御社の志望度が高い」ということを伝える。
● 企業選びにブレがないか見られているので、業界などを伝えてもOK。

非常識な回答

現在2社が最終選考まで進んでいます。もし先に他社で内定が出たら、入社を決めるかもしれません。

✊[ここがNG]

● 「他社が先に内定を出したらどうするか?」と聞かれることも。志望度の高い企業は、「第一志望群」と考えよう。

Q 20 営業職はどんな仕事だと思いますか?

常識的な回答

会社の商品をお客様にアピールするという点で、積極性が求められると思います。商品の良さをしっかりと理解し、どんな質問にも答えられる知識量が必要です。その反面、御社では個人宅への販売も行うので、常にお客様の要望に耳を傾け、お客様が欲する商品の提供をしなければならないと思います。営業職では、社会人としての基礎的な能力と、コミュニケーション能力が問われると思います。

☞[この質問で伝えるべきこと]

● 自分が考える営業職のイメージを、具体的に話す。
● 「御社の」と一歩踏み込んで、具体的に伝える。
● 企業研究をして、その企業についてよく理解したうえで答える。

非常識な回答

営業職は、常に結果を残さなければならないので、とても厳しい職種だというイメージがあります。特にノルマがある場合は、達成することは容易ではないでしょう。常に努力を続けなければならないと思います。

[ここがNG]

● ただ単に、一般的なイメージを述べるだけではNG。
● 自分が考える営業職のイメージを盛り込むことが必要。

Q 21 総合職を選んだ理由を教えてください。

常識的な回答

私は、将来的に、会社の人事にかかわる仕事がしたいと考えています。「人」は会社の財産です。そして、会社をスムーズに運営するための基盤にもなると思うので、人事に携わりたいと思います。私は昔から、どんなときにもその場の状況を冷静に判断し、分析できるという良さがあります。そんな私の特性を、人事部の仕事で発揮できるのではないかと思います。自分の目標を実現するために、総合職を希望しています。

[この質問で伝えるべきこと]

● 総合職でやりたいことを、できるだけ具体的に話す。
● 総合職の仕事の範囲を、理解しておくことが必要。
● 総合職の仕事で、自分の特徴をどのように生かせるかも伝える。

非常識な回答

総合職であれば、結婚してからも続けられると感じたからです。私は、将来的に、結婚して子供が欲しいと思っています。一般職であれば代わりがいますが、総合職で大きな役割を持って働けば、ずっと仕事を続けられると思います。

[ここがNG]

● 女子学生に多い回答。仕事への意欲が感じられない。
● 総合職の条件面だけを並べるのはNG。やりたい仕事を述べる。

上司から無理なスケジュールで仕事を任されたらどうしますか?

常識的な回答

自分の仕事を見直して、できるだけ引き受けられるように調整します。また、スケジュールの調整が難しい場合には、どの仕事を最優先すべきかを、上司や先輩に相談します。これは、サークルで副部長をしていた経験から学びました。部長から仕事を任されたのですが、自分の判断で作業を遅らせて大きな問題になったことがありました。そのような問題を避けるために、自分一人で判断せずに、相談をした方が良いと考えています。

👆[この質問で伝えるべきこと]

● 無理難題に直面したときの対処法を、具体的に話す。
● 過去の経験から学んだことなどを交えると伝わりやすい。
● どんな方法でも、誠意と責任を示すべき。

非常識な回答

「できません」とはっきり伝えます。できないことを安易に引き受けるのは、社会人失格です。できないことはできないとはっきり言うことも、勇気だと思います。また、頼みやすい後輩に仕事を任せることも考えます。

👊[ここがNG]

● 「できない」と言い切ることは、信頼を失うので注意。
● 「後輩に任せる」など、他人任せの姿勢もNG。

Q 23 社会人にどんなイメージを抱いていますか?

常識的な回答

「自ら行動を起こして、社会に働きかける」というイメージです。学生時代は、大学に通って授業を受け、学費や生活費なども親に与えてもらっていました。しかし、社会人になったら、学生時代のような受け身の姿勢ではなく、自分で積極的に動かなければならないと思います。会社の中では自分のできる仕事を追い求め、アピールすることが必要です。また、一社会人としても、一日も早く自立できるようにしたいです。

[この質問で伝えるべきこと]

- 学生と社会人の違いについて述べる。
- 自分が社会人として、働くイメージを伝える。
- 社会人としてどのように働きたいか、将来のビジョンも伝える。

非常識な回答

オンとオフの切り替えをしっかりできる人こそが、一流の社会人だと思います。オンタイムは集中して仕事に打ち込み、休日はしっかり休むことが必要です。私もそんなメリハリのある社会人になりたいと思います。

[ここがNG]

- ただ単に理想の社会人像を話すだけでは不十分。
- 学生時代と比較して、どんな社会人になりたいかを述べる。

Q24 社会人として最も大切なことは何だと思いますか?

「判断力」だと考えます。私は昨年の夏休みに2カ月間、インターンシップとしてIT企業で働いていました。その際、任された仕事の優先順位が分からずに、急を要する仕事を後回しにしてしまいました。その結果、社内の人だけでなく、取引先の方にも迷惑をかけてしまいました。社会人として働くうえでは、少しの判断ミスも許されません。周りに迷惑をかけないためにも、自分がやるべきことの判断を、的確にすべきだと思います。

[この質問で伝えるべきこと]

● 「働く」とはどういうことなのかを明確に示す。
● 過去の集団での活動の中で、大切だと思ったことを話す。
● それを大切にしている"理由"や"経験"を明確に話す。

社会人として、しっかりすることが大切だと思います。社会に出たら、もう親を頼ることはできません。精神的にはもちろんですが、経済的にもしっかりして、自分で自分を管理することが必要だと思います。

[ここがNG]

● 漠然としたイメージや単なる感想にならないように注意。
● 必ず、自分の特徴や経験とつなげて話す。

to:	才木先生
from:	就活生　倉木アイコ

件名:　筆記試験やSPI試験って重要?

　一次選考に筆記試験や SPI 試験を行う企業が
ありますが、選考においてどのくらい重視される
のでしょうか? 企業案内のパンフレットや HP
を見ると、「人物重視」だと書いてあるのですが
……。

to:	就活生　倉木アイコ
from:	才木先生

件名:　対策しておけば問題ナシ!

　選考の一つとして行われるのですから、もちろん
重視されます。一次試験として筆記試験や SPI 試
験を行う企業では、一定の合格ラインに満たなけれ
ば、次の選考には進めません。ただ、筆記試験や
SPI 試験は、対策さえしておけば、通過できる可能
性が高いということ。そんなに難しく考える必要は
ありません。対策としては、問題集を 1 冊買って、そ
の 1 冊にじっくりと取り組むことです。焦ってたく
さんの問題集に手を出す人もいますが、それよりも、
問題の傾向を整理しながら、1 冊を深く理解するこ
との方が大切。早くから進めておくと安心です。

第6章

時事問題に関する
定番質問編

社会人への第一歩として、
ニュースや時事問題に
関心を持つことは必須。
面接ではどんなことが聞かれるのか、
どのように自分の考えを伝えればいいのか、
学んでいきましょう。

Q 最近、印象に残っている
01 ニュースは何ですか?

常識的な回答

　日本人宇宙飛行士の活躍を伝えるニュースです。世界的な活躍はとても尊敬します。ある記事には、宇宙飛行士として成功する人たちは、現状に満足せずに目標を高く掲げ、自分に厳しいとありました。私は10年間バレエを続けていますが、苦しいことやつらいことがあると、つい甘えが出てしまい、コンクールなどで良い結果が残せません。このニュースを見て、自分に厳しく練習に取り組むことで結果が残せるのではないかと学びました。

[この質問で伝えるべきこと]
● 心から印象に残ったニュースを選ぶ。政治経済系でなくても OK。
● 選んだニュースに対しての自分の "意見" や "考え"、そのニュースが気になった "理由" を必ず話す。

非常識な回答

　少子高齢化についての問題です。高齢者が増え続け、出生率も上がらない日本に不安を感じます。将来、きちんと年金をもらえるのか、自分の老後も心配になります。その対策をしっかり行うのが国だと思うので、期待したいです。

[ここがNG]
● ニュースの解説や説明、感想だけで終わらないように注意。
● 必ず自分の過去の経験とニュースを重ねて話す。

Q 02 今朝、新聞を読んできましたか?

常識的な回答

　　はい、読んできました。今日、高校野球の決勝戦が行われるという記事が印象に残っています。どのチームも多くの時間を野球の練習に費やしていると思います。私は、高校時代にバレーボール部に所属していました。チームが一丸となり練習に取り組み、つらいことも仲間と一緒に乗り越えました。一生付き合える仲間ができたことを嬉しく思います。この記事は、そんな仲間の存在を思い出させてくれて、とても勇気づけられました。

[この質問で伝えるべきこと]

● どのようなニュースや事柄が気になったかを伝える。
● そのニュースが気になった"理由"と、"意見"を明確に話す。
● 難しい記事を選ばず、自分が意見を持って話せる記事を選ぶ。

非常識な回答

　　経済新聞に、一通り目を通しました。就活中は、新聞を読むことは必須だと思います。しかし、残念ながら、特に印象に残る記事はありませんでした。今後は、もっと細部まで、くまなく新聞を読むように努めたいと思います。

[ここがNG]

● 読んでいない場合は、正直に「読んでいません」と答える。ごまかしたり、あいまいな回答をすることは、評価につながらないので注意。

Q 03 最近の「経済ニュース」で興味を持ったことは何ですか?

常識的な回答

遺伝子検査についてです。遺伝子検査は、今後さらに世界的に成長することが注目されているようです。経済に影響をもたらすことはもちろん、予防医療の発展や進化に影響すれば、人の寿命にも変化が生じると思います。私は、健康だからこそ働く希望、夢が持てるのだと思っています。その健康を保つために普段から多くのことに気をつけています。そんな私にとってこのニュースは、さらに夢を膨らませるものとなりました。

☞[この質問で伝えるべきこと]

● 気になったニュースについて、なぜ気になったのかという"理由"と、ニュースに対する、自分なりの意見を明確に話す。
● 社会に出る者として、経済問題にアンテナを張っておくこと。

非常識な回答

銀行の金利が低迷していることです。近年の金利では、どこの銀行に預金しても、あまり利息がつきません。銀行以外の金融機関の情報も集めて、どこに預金しておくと得するのかを、いま探しているところです。

✊[ここがNG]

● 社会性を見る質問なので、あまりにも個人的な内容は避ける。
● 経済に絞った難易度の高い質問。分からなければ無理に答えない。

Q 04 日本の景気について どう思いますか?

常識的な回答

日本の景気は回復しつつあると思います。求人数が増えていることから、景気が上昇していることが分かります。求人数を増やすということは、今後の経営状態を上向きにしていこうという、企業の計画があるからこそだと思います。このような景気の中、将来の職業選択ができるということに対して、喜びを感じております。自分の可能性を最大限に広げられる機会だと思っております。

👍 [この質問で伝えるべきこと]

● 景気について、あなたの"意見"を具体的に話す。
● 「なぜそう考えるのか」の"理由"もきちんと話す。
● 世の中の動きを把握していることを伝える。

非常識な回答

景気はいいと思います。求人数が増えたことはありがたいです。就職氷河期と言われた時代に就活をしていたらと思うと、ゾッとします。求人数が増えているということは、就活も少しは楽になるはずです。それは嬉しいことです。

👊 [ここがNG]

● 自分が楽かどうかだけではなく、「求人数が増えていること」についての自分なりの"意見"、自分や社会への"影響"を具体的に話す。

Q 05 当社が属する業界の課題について、意見を聞かせてください。

常識的な回答

現在、国内での市場はすでに成熟した状態にあると思います。今後は、海外も視野に入れて、いかに販売を拡大していくかが課題になると考えます。特に、欧米や急速に発展を遂げるインドへの進出が必要です。世界に誇れる日本の技術力を各国の市場にアピールすべきだと思います。また、コストパフォーマンスを良くするために、技術力も徹底的に見直しを行い、より無駄を省くことが必要だと思います。

☝ [この質問で伝えるべきこと]

● 業界研究をしっかり行い、理解できていることを伝える。
● 専門分野ではなく、自分で分かる範囲の課題を見つけ、「こうするともっと良くなる」といった、プラス面を話す。

非常識な回答

より多彩な建築技術を開発し、お客様へ提供することが急務だと思います。今の日本の建築業界には、斬新で個性的な建築技術が少ないと思います。独自性があり、かつ安価でお客様に提供できる技術を開発すべきだと思います。

✊ [ここがNG]

● 無理に専門分野に言及する必要はない。
● 「足りない部分」などのマイナス面ばかり指摘しない。

Q 06 日本の流通業界の未来は、どうなっていると思いますか?

常識的な回答

現在、日本人の物的需要は飽和状態にあると言えます。ただ物を提供するだけでなく、プラスαのサービスの工夫によって、今後の展開が変わってくると思います。最近は、ネットショッピングやネットスーパーなどが、その便利さやサービスの早さで人気を集めています。私が流通業界で働くことになったら、そのような物流のスピードやサービスに着目し、さらにお客様に満足していただける方法を考えたいと思います。

👆 [この質問で伝えるべきこと]

- 流通業界の今までの流れを把握したうえで、今後について話す。
- 将来「業界はこうなるだろう」という展望に加えて、「自分ならこうしたい」という意見や考えを、具体的に話す。

非常識な回答

就職活動をしていると、流通業界はあまり人気がないようです。それは、多くの人が流通業界の今後に行き詰まりを感じているからではないでしょうか。私はそんな流通業界で働いて、流通の流れを変えたいと思います。

👎 [ここがNG]

- マイナスの展望は NG。どうすれば良くなるかを伝える。
- 一歩踏み込んで、自分が働いたらできることを考える。

環境問題が及ぼす当社への影響について、あなたの考えをお話しください。

Q 07

常識的な回答

環境への取り組みは、新しい顧客獲得へのチャンスでもあると考えます。特に御社は、CO_2の削減や、限りある資源のリサイクル事業などにとても力を入れていると思います。最近では、消費者も環境問題への意識が高く、地球に優しい製品やサービスを求めています。現在、実施している御社の環境への取り組みを示すことで、多くの消費者が注目するはずです。新しい商品展開なども視野に入れるべきだと思います。

[この質問で伝えるべきこと]

● ここ数年話題になることの多い「環境問題」への理解を伝える。
● 環境問題が企業に与える"影響"を、なるべく具体的に話す。
● 環境問題に対して、企業ができることについても話す。

非常識な回答

環境問題が叫ばれて久しい中、最近では、エコカー減税や家電エコポイント制度など、環境問題にまつわる制度も充実してきました。そのおかげで、私たちの環境問題への意識も高まるので、とても良い傾向だと思います。

[ここがNG]

● 環境問題そのものについて解説する必要はない。
● 社会的な対策ではなく、「企業で何ができるか」という視点で考える。

Q 08 少子高齢化について どう思いますか?

常識的な回答

少子高齢化によって、社会保障制度の財源の確保や、制度そのものの見直しについて多くの議論がなされています。企業にとっても、少子高齢化による労働力の低下が、大きな問題になると思います。少ない労働者でも生産性を低下させないような仕組み作りや、高齢者も含めた労働力の確保が必要になると思います。これからますます進行すると言われている少子高齢化に向けて、早急に対策を講じるべきだと考えます。

👍[この質問で伝えるべきこと]

● 大きな社会問題である「少子高齢化」をどのように理解しているか、社会や企業への影響も話す。
● 少子高齢化に対して、企業ができることを考えて伝える。

非常識な回答

少子高齢化社会になると、一人暮らしの高齢者が増えるので心配です。特に、最近では所在不明高齢者の問題が話題になり、高齢者の生活不安が広がっていると思います。介護する子供もすでに高齢である "老老介護" など、問題は尽きません。

👊[ここがNG]

● ただ単に高齢化の問題について話しても意味はない。社会や企業に与える影響を、客観的視点を持って伝えることが必要。

Q 09 社会人と学生の違いとは、何だと思いますか?

常識的な回答

　物事へ取り組む姿勢が大きく異なると思います。学生である今は、多くの授業が受け身で、課題なども与えられたものを行います。しかし、社会人は受け身では仕事にはならず、能動的な姿勢が重要になると思います。私はアルバイト先の飲食店で、与えられたことだけでなく、少しでも自分で新たな仕事を見つけて取り組むように努力しています。社会人になったら、さらに自分で課題を見つけながら、仕事を進めていきたいと思います。

[この質問で伝えるべきこと]

● あなたが考える社会人と学生の"違い"を具体的に話す。
● 回答を通して、あなたが「どのような社会人になりたいか」も一緒に伝えられると良い。

非常識な回答

　社会人と学生との違いは、時間に余裕があるかどうかだと思います。学生は自由な時間が多くありますが、社会人は忙しくて時間に余裕がないと思います。時間のある学生のうちに、やりたいことはできる限りしたいと思っています。

[ここがNG]

● 何を基準に、時間が"ある""ない"を判断しているのか伝わらない。
● イメージで答えるのではなく、自分の"経験"を話すことが必要。

Q 10 就職活動について どう思いますか?

就職活動中は、自分の将来についてじっくり考えることができます。そんな時間を持てることは、ありがたいと思います。私は、今まで自分の将来について考えることはほとんどありませんでした。しかし、就職活動をきっかけに自分の良さや特徴などが見えてきて、それをどう生かしたいのか、何をやりたいのかが少しずつ分かってきました。自分の将来と真剣に向き合うきっかけをくれた就職活動には、とても感謝しています。

[この質問で伝えるべきこと]

- 「自分の将来についてどのように考えているか」を具体的に話す。
- 就職活動が自分に与える "影響" を話す。
- 「就職活動自体をどのようにとらえているか」も伝える。

非常識な回答

就職活動はつらいです。良い結果ばかりではないので、落ち込むことも多々あります。この状態で自分は就職できるのだろうかと不安になることもあります。就職活動が始まる時期も早いので、もう少し選考をゆっくりしてもらいたいです。

[ここがNG]

- 就職活動の "感想" を伝えるだけでは意味がない。
- 就職活動の批判をするのはNG。自分の "考え" を伝えるべき。

Q11 2028年ロサンゼルス五輪についてどう思いますか?

常識的な回答

　　大きな経済効果をもたらすと思います。特にオリンピック開催中は、世界中から人が訪れ、さまざまな業界が盛り上がりを見せると思います。また、開催国にとっては世界にアピールする大きなチャンスでもあります。今まで日本の企業と取引がなかったアメリカの企業が、取引を始める可能性もあると思っています。日本の製品を多くの国の人々に知ってほしいという思いがあるので、そのきっかけになればいいと思っています。

[この質問で伝えるべきこと]

● 「五輪が開催されることで、どのような影響を及ぼすか」を具体的に話す。
● 「あなたにとってオリンピックとは何か」も伝える。

非常識な回答

　　ロサンゼルス開催のため、現地で観戦することはかなり難しいと思います。しかし、テレビ観戦などは十分可能なので、今からとても楽しみにしています。とくに、同世代の選手の活躍に期待しています。

[ここがNG]

● 単に楽しみであることを伝えても意味がない。
● 五輪が開催されることの"影響"を伝える。

Q 12 原発について どう思いますか?

常識的な回答

　私は再生エネルギーに興味があるので、原発に代わるエネルギーがあれば理想的だと思います。コストが高い、自然条件に左右されるなどのデメリットはありますが、長期的に見ると環境負荷の低い再生エネルギーは必要だと思うので、今後の研究や開発に期待したいと思います。そのためにも、今の私にできることは、エネルギーを大切にしながら生活することだと思います。限りある資源を無駄にしないように心がけたいです。

☞ [この質問で伝えるべきこと]

● 原発に対してあなたの"意見"を明確に話す。
● 「原発をどのように理解しているか」を話す。
● 「自分にできることは何か」も伝えられるとよい。

非常識な回答

　原発に関しては反対でも賛成でもないです。東日本大震災の原発事故のようなものが起きるのは怖いと思いますが、正しい情報がどれかは分かりませんし、原発が本当にリスクのあるものかどうかもよく分かりません。

[ここがNG]

● 原発に対して自分なりの"考え"がない。
● 世の中で話題になっているニュースを理解できていない。

リアル 就活生の お悩み相談室

to:	才木先生
from:	就活生　小林ユリ
件名:	**就活に出遅れたら、どうすればいい?**

　私の周りの友達はとても意識が高く、夏休みから就活を始めています。中には、春から動いていた人も……。私は、早い時期にまだピンと来なかったので、秋まで何もせずに来てしまいました。今からでも晩回できますか?

to:	就活生　小林ユリ
from:	才木先生
件名:	**すぐに始めれば、十分に間に合う!**

　小林さんの周囲の就活生は、特に意識が高いようですが、一般的には3年生の秋から始めれば、何の問題もありません。また、就活は始めた時期や活動している期間よりも "どれだけ目的意識を持って取り組んでいるか" の方が大切! 就活をしているという事実に満足してしまって、中身がなければ何の意味もないのです。限られた時間で就活を進めるには、やるべきことの優先順位を決めること。自己分析、説明会への参加、OB・OG訪問などやるべきことをしっかりスケジューリングしましょう。1カ月単位で予定を管理するのがオススメです!

Column 6

CHAPTER 7

第7章

常識 非常識

意図が分かりづらい 定番質問編

最後は、
"定番質問" の中でも、
変わり種の質問について解説。
一見、何を聞かれているのか
分からないような質問でも、
的確に回答するコツを伝授します!

Q 01 今日はどうやってここまで来ましたか?

常識的な回答

世田谷の自宅から、電車を利用して来ました。所要時間は約30分です。余裕を持って、面接開始時間の1時間前に家を出たので、焦らずに来ることができました。

[この質問で伝えるべきこと]

● 家から面接会場までの行動を、簡潔に話す。緊張を解く意味もある質問なので、ダラダラと話さないようにすること。
● 自分の"良さ"や"特徴"も加えられると良い。

非常識な回答

9時ごろに家を出て、10時前には最寄り駅に着きました。しかし、私は方向音痴なので、駅からの道のりで迷ってしまいました。すれ違った人に聞くと、全く反対に進んでいたと分かり、慌てて引き返して、なんとかこちらにたどり着きました。

[ここがNG]

● 家から面接会場までの道のりなど、詳細に話す必要はない。
● わざわざ自分のマイナスな面や、失敗談を盛り込まない。

Q 02 どうして今日は その格好を選んだのですか?

常識的な回答

社会人としてふさわしく、また社会で働く方々に失礼にならないように選びました。紺色を選んだのは、ビジネスシーンではダークな色が主流になっているからです。

☝[この質問で伝えるべきこと]

● 服装を通じて、自分なりの考えと、そう考える"理由"を伝える。
● どんなことに対しても主体的に取り組み、自分なりの意見を持っていることをアピールする。

非常識な回答

面接では、ほとんどの就活生がリクルートスーツを着るからです。面接のマニュアル本にも「ダークカラーのスーツで」とあったので、この服装を選びました。

👊[ここがNG]

● 「みんなが着ているから」「就活だから」は理由にならない。
● どんなことに対しても、自分なりの見解を持つことが必要。

Q 03 「自由な服装で面接に来てください」と言われたら、どんな服装で来ますか?

常識的な回答

私服のシャツとズボンを着ます。私は、学校に行くときもシャツとズボンで行くことが多いので、最も自分らしい格好をしたいと考えて、選びました。面接は、初対面の面接担当者の方々に自分を知っていただく場だと考えています。服装でも、少しでも自分らしさを伝えられたらと思っています。

☝ [この質問で伝えるべきこと]

● スーツでも私服でも、どちらを選んでも結果には関係ない。
● 面接にその服装を選んだ "理由" を明確に話す。
● 服装を通じて、面接で何を伝えたいと考えているのかを話す。

非常識な回答

ピンクのTシャツを着ます。ピンクは私のラッキーカラーなので、自由な服装で面接を受けられるとしたら必ずピンク色を身につけます。スーツは基本的に暗い色が多いので、いつも残念に感じています。

[ここがNG]

● 服装のこだわりを聞いているわけではないので注意。
● あくまでも、自分らしさや人間性について話す。

Q 04 どのようなことをされたら、あなたは傷つきますか?

常識的な回答

　話しかけても反応を返してもらえないと、傷つきます。私の良さは、人との垣根を作らず、誰とでも話ができるところです。大学2年生のときのサークルの合宿で栃木県へ行き、地元の人と接する機会がありました。私は積極的に話しかけたのですが、突然で驚いたのか、ほとんど返事をしてもらえませんでした。そのとき、私はとてもショックでした。会話はコミュニケーションの第一歩だと思うので、大事にしたいと思います。

☝[この質問で伝えるべきこと]

- どのようなことに傷ついたか、過去の経験を交えて話す。
- どうして傷ついたのか、自分が考える"理由"も伝える。
- 友達などを傷つけてしまった経験を話しても良い。

非常識な回答

　信頼していた友人に、彼を盗られたときに傷つきました。彼と私は2年付き合ってとても仲が良かったのですが、突然別れを告げられました。すると、数日後、私の友人と付き合いだしたというのです。女は信用できないと思いました。

✊[ここがNG]

- 恋愛など、プライベートすぎる話は避けるべき。
- 恋愛などの感情で左右された経験ではなく、自分の本質を伝えること。

Q 05 就活中の息抜きの方法を教えてください。

常識的な回答

　私は、ランニングをしたり、ジムに通って汗を流すことで息抜きをしています。中学時代からずっと陸上部に所属していて、今でも体を動かすことは趣味の一つです。特に就活中は、体を動かすことで、心身ともにリフレッシュできます。私の良さは、冷静で思慮深いところだと思いますが、時々、考えすぎて煮詰まってしまうことがあります。体を動かすことで、気持ちを切り替え、また新たな気持ちで就活を頑張ることができます。

[この質問で伝えるべきこと]

● 自分が息抜きできる方法を、具体的に話す。
● その息抜きが、オンタイムにどんな良い影響を与えるかも伝える。
● 息抜き方法とともに、自分の "特徴" や "良さ" も伝える。

非常識な回答

　時間があると、映画を観に行きます。私はラブストーリーが好きなので、よく観ます。また、買い物に行くこともあります。かわいい雑貨が好きなので、インテリアショップや雑貨屋さんにはよく足を運びます。

[ここがNG]

● 休日の様子をダラダラと話すだけでは NG。
● 自分らしさが伝わるような、息抜き方法を話す。

一日、24 時間の使い道を どのようにしていますか?

常識的な回答

　私は、どんなに忙しくても、一日の中で友人と過ごしたり、連絡を取り合う時間を持つようにしています。私は、どんなときにも友人の存在に支えられてきました。高校受験のときには、毎日のように三人の友人と一緒に図書館で勉強をして励まし合い、無事に志望校に合格しました。友人と支え合ってこそ自分の力を発揮できると思っているので、少しの時間でも一緒に昼食を取ったり、電話で話したりしています。

[この質問で伝えるべきこと]

● 普段、どのように時間を使っているかを、具体的に伝える。
● なぜそのように時間を使い、その時間が大切なのか、"理由"を明確に話す。自分の"考え方"や"特徴"も交えると伝わりやすい。

非常識な回答

　早起きを心がけているので、朝は 6 時には起きます。授業があるときは、9 時までには学校に向かいます。最近は午前中で授業が終わるので、その後、学食に顔を出して友人に会ってから、帰宅します。夕飯を食べて、0 時までには寝ます。

[ここがNG]

● 一日のタイムスケジュールを話す必要はない。
● 「一日の中で大事にしている時間」について、しっかり話すべき。

Q07 自分を表すキーワードを五つ挙げた後、さらに五つ挙げてください。

常識的な回答

　まず、「リーダーシップがある」、「積極的」、「負けず嫌い」、「自信家である」、「向上心」の五つです。さらに、「行動力がある」、「前向き」、「コミュニケーション能力がある」、「責任感がある」、「明るい」の五つです。

[この質問で伝えるべきこと]

- 自己分析を行い、自分自身をよく理解して答える。
- 自分の"特徴"や"良さ"を伝える。キーワードはすべてバラバラではなく、自分の特徴を表す、意味の近いものを選ぶ。

非常識な回答

　「冷静」、「落ち着きがある」、「忍耐力がある」、「積極性がある」、「根性がある」…。あと五つも思い浮かびません。私の一番の良さは、冷静沈着で、物事をじっくり考え、分析することができるところです。

[ここがNG]

- できれば10個答えることが望ましい。言葉の言い換えでもOK。
- 思いつくままに答えると統一性がなくなり、矛盾が生じるので注意。

Q 08 今までで最も印象に残っているサービスについて教えてください。

常識的な回答

祖父と一緒にフランス料理店で食事をしたときのことです。ナイフとフォークを使い慣れない祖父を心配していたら、お店の方がさりげなく、お箸を用意してくれたことがとても印象に残っています。私は、サービスとは、常にお客様の立場に立って、お客様が欲するものをいち早く察し、提供することだと思っています。相手のことを考えたさりげない気遣いこそが、私の最も印象に残るサービスです。

[この質問で伝えるべきこと]

● 「サービス」や「接客」についての自分なりの "考え" を述べる。
● 消費者の立場で、今までで最も印象に残っているサービスについて話す。具体的な経験談やエピソード、印象に残った理由とともに伝える。

非常識な回答

友人と一緒に買い物をしたデパートの、サービスの良さに感動しました。重い荷物を持ってくれたり、行きたいお店の場所を、瞬時に教えてくれたりしました。とても安心して買い物ができたので、良かったと思います。

[ここがNG]

● ただ単にしてもらったことを話すだけでは不十分。
● 「サービスとはどんなものだと考えるか」ということも話すべき。

Q 09 最近読んで面白かった本は何ですか?

常識的な回答

小説『バッテリー』です。野球に打ち込む中学生を描く作品ですが、さまざまな壁にぶつかりながらも真っすぐに野球を続ける主人公の姿がとても印象的でした。私も中学、高校の6年間野球部に所属しており、甲子園を目指して練習に打ち込んでいました。試合で結果が残せず、つらいこともたくさんありましたが、そのたびに自分と向き合い、力を出し切るためにはどうすればいいのか悩んだ経験が主人公と重なり、勇気づけられました。

☝[この質問で伝えるべきこと]

- 面白いと思う"理由"を明確に話す。
- 本を読んで受けた影響についても話す。
- 心から「面白かった」と言える本を挙げる。

非常識な回答

『ザ・ゴール』という本です。アメリカでベストセラーになったビジネス書だと聞いて、これから社会人になるために必要だと思い、読んでみました。とても難しかったのですが、会社経営について少し分かった気がします。

✊[ここがNG]

- 無理に難しいビジネス書などを取り上げて、内容が薄くなるのはNG。
- 本の概要を説明するだけで終わってしまわないように注意。

Q10 好きな TV 番組は何ですか?

NHK のスペイン語講座です。私は 2 年前にスペインに旅行をした際、スペインの伝統的な建築物に魅了され、またぜひ訪れたいという思いから、スペイン語の勉強を始めました。日々の生活では、うまくいかないことやストレスを感じることも多くあります。そんなときは、スペイン語講座を見て、スペイン語に触れる時間を持つことで息抜きができます。また新たな気持ちで就職活動を頑張ろうと思えますし、とても励みになります。

[この質問で伝えるべきこと]

● 好きなテレビ番組を具体的に答える。
●「どのような視点でその番組を見ているか」も明確に話す。
● 番組から何か影響を受けたことがあれば、具体的に伝える。

非常識な回答

ありません。私は普段から一切テレビを見ないので、よく分かりません。テレビを見る時間があれば、読書や就職活動の準備を進めたいと思います。最近のテレビは騒がしい番組が多く、私はあまり興味を引かれません。

[ここがNG]

● ない場合は仕方ないものの、テレビ批判をするのは NG。
● 番組をしっかり見ていないと、薄い内容になってしまうので注意。

Q 11 あなたの好きな街を紹介してください。

常識的な回答

私は京都が大好きです。修学旅行でその魅力を知ってから、今までに10回以上訪れています。京都には、歴史の面影を残す、寺院や庭園がたくさんあります。特に、私は清水寺が好きで、あの"清水の舞台"からの景観は、圧巻の一言です。また、桜の時期の京都は、どこを訪れても絶景です。日々忙しくしていると、つい四季を感じることも忘れてしまいますが、京都では、時間がゆっくり流れ、自然を存分に楽しむことができます。

[この質問で伝えるべきこと]

● 好きな街を具体的に述べる。
● その街が好きな"理由"や、思い入れについても話す。その街を訪れた際の経験やエピソードを交えて話す。

非常識な回答

イタリアのベネチアが好きです。先日テレビで見たのですが、ベネチアは「水の都」と言われていて、移動は、基本的に船を使うそうです。水のあふれる街並みがテレビで見てもきれいだったので、一度行ってみたいと思います。

[ここがNG]

● 行ったことがない場所について述べるのは、説得力に欠ける。
● 旅行経験が少なければ、自分の故郷について話しても OK。

Q 12 外国人が日本に来たら、どこを案内しますか?

常識的な回答

広島です。広島を訪れて、ぜひ原爆ドームや原爆記念館を案内したいと思います。私は、昨年初めて広島へ旅行に行き、原爆ドームと原爆記念館に行きました。これまでは、遠い昔のことだと思っていた戦争を身近に感じ、原爆被害にあった方のことを思うと、とても胸が痛みました。被爆国として、外国人にもこの事実を伝えなければならないと感じましたし、外国の方も、必ず興味を持ってくれるのではないかと思います。

[この質問で伝えるべきこと]

● 自分が興味、関心のある場所を述べる。
● そこを紹介する"理由"をはっきりと伝える。
● 過去に自分が訪れた経験などを、盛り込んで話すと良い。

非常識な回答

沖縄です。世界各国にもきれいな海はありますが、沖縄の海は格別です。また、沖縄には美ら海水族館などの、娯楽施設もたくさんあります。きれいで、遊びを楽しむことのできる沖縄を、ぜひ案内したいと思います。

[ここがNG]

● ただ「キレイだから」「面白いから」だけでは不十分。
● 案内したいと思う理由や背景を、明確にしておく。

Q13 一日有名人になれるとしたら、誰になって何をしたいですか?

常識的な回答

　プロゴルファーの石川遼選手になって、世界的な大会でプレーをしたいと思います。石川選手は、自分の夢や目標を明確にして、次々に実現させています。その芯の強さ、精神力はとてつもないと思います。私も目標を持つと、その目標に向かって黙々と努力する人間です。しかし、大事なときに、緊張やプレッシャーに押しつぶされそうになることがあります。石川選手になって、その精神力や夢へのアプローチの方法を学びたいです。

[この質問で伝えるべきこと]

● 具体的な著名人の名前と、なりたいと考える "理由" を話す。俳優、歌手、タレント、スポーツ選手など誰でも OK。
● その人になってやりたいことや、何を得たいかについても話す。

非常識な回答

　安室奈美恵さんになりたいです。私は高校時代から安室さんの大ファンです。安室さんのようにかっこよくなりたいと、ずっと憧れてきました。もし叶うのであれば、安室さんになって、キレのあるダンスを踊ってみたいです。

[ここがNG]

●「ファンだからなってみたい」は論外。
● 有名人を通して、自分の人間性を伝えるべき。

Q14 ヨーロッパに行ったら何がしたいですか?

> ヨーロッパには一度も言ったことがないのですが、もし訪れるとしたら、最初にスペインに行きたいと思っています。スペインには、世界遺産や、歴史的な建造物がたくさんあります。私は昔から歴史が好きなので、古くからある建物に触れることで、歴史の重みを感じたいと思います。特に、「サグラダ・ファミリア」は、世界的な建築家であるガウディの作品なので、一度はこの目で見てみたいと思っています。

☝[この質問で伝えるべきこと]

● ヨーロッパで興味のある国や事柄を、一〜二つ具体的に挙げる。
● それをしたい "理由" と、実際に行うことで自分が受けるであろう影響についても明確に話す。

非常識な回答

> せっかくなのでヨーロッパ各国を回りたいと思います。まず、ロンドンでサッカーを観戦し、パリではあの有名なエッフェル塔を見たいと思います。イタリアでは、ローマあたりでブランドものの買い物がしたいです。

👊[ここがNG]

● ただヨーロッパでやりたいことを羅列するのはNG。
● 旅行の計画を立てているわけではないので、注意が必要。

Q15 今年の秋冬の 流行アイテムは 何だと思いますか?

常識的な回答

　　ジャケットが流行すると聞きました。特に、マニッシュな印象のテーラードジャケットが注目を集めているようです。私自身も、大事なときには、必ずジャケットを着るようにしています。ジャケットを着ると、いい緊張感を持つことができて、気持ちにハリが出るので、とても気に入っています。特に、目上の方に会うときなどは、失礼のないようにジャケットを着て行くように心掛けています。

[この質問で伝えるべきこと]

- 流行を通じて、自分なりの考えや意見を述べる。
- 流行アイテムだと考える "理由" を、明確に話す。
- 世の中の流れに意識を向けて、流行をつかんでおくことが必要。

非常識な回答

　　春夏に続いて、マキシ丈のスカートが流行するようです。春夏に比べると、温かみのある素材を使ったり、黒、茶、グレーなどのダークカラーを用いていると、先日ファッション誌で読みました。私もぜひ購入したいと思います。

[ここがNG]

- 雑誌などの情報を伝えるだけでは不十分。
- 流行の解説をするのではなく、あくまで自分の意見を述べる。

Q 16 人気のある人とは どんな人だと思いますか?

的な回答

　常に、相手の立場になって考えられる人だと思います。私が所属していたテニスサークルの代表を務めていた先輩は、いつも私たちのことを考えてくれていました。試合でなかなか勝てないメンバーを責めることは決してなく、どうしたら結果を残せるか、親身に相談に乗っていました。そんな先輩は、後輩からも同級生からもとても信頼され、人気があったと思います。私も、先輩のように人望のある人に憧れます。

☝ [この質問で伝えるべきこと]

● 身近な人、有名人など、具体的な人を挙げる。
● 人気があると思う理由を、実体験やエピソードを交えて伝える。
● 「明るい」「人望がある」などの特徴も挙げる。

非常識な回答

　嵐のメンバーです。私は嵐の大ファンです。最近の嵐の人気はすさまじいものがあります。この不況の中で、CDもたくさん売れています。これだけ多くの人に支持される嵐は、人気があり、魅力的なのだと思います。

✊ [ここがNG]

● ただ単に「多くの人に支持されている」という理由だけでは不十分。
● 事実だけではなく、自分の経験を踏まえると伝わりやすい。

Q 17 年配の方と接する機会はありますか?

常識的な回答

はい、あります。私がアルバイトをしているパン屋さんでは、個人宅への宅配もしています。宅配を希望されるお客様の中には、店舗に来ることが難しい年配の方が数多くいます。週2回は宅配に出かけるのですが、その際、あいさつだけではなく、一言二言の会話を心掛けています。そうすることで、信頼関係ができ、いろいろなことを話してくださいます。年配の方との会話はいつも新鮮で楽しく、勉強になることも多くあります。

[この質問で伝えるべきこと]

● 年配の人と接する機会があるかどうかを、正直に話す。
● 年配の人と接した経験を、なるべく具体的に話す。
● 友人などとの横の関係だけでなく、縦の関係を築けることをアピール。

非常識な回答

年配の方と接する機会は特にありません。私はお年寄りへのボランティア経験などもないですし、老人ホームなどに行ったこともありません。同年代との付き合いが楽しく、年齢の離れた方との交流は、正直少し苦手です。

[ここがNG]

● 「ない」と言い切るよりは、どんなささいな経験でも話すべき。
● 祖父母や、電車で見かけたお年寄りについて話してもOK。

常識的な回答

　私は、音楽サークルに所属して、ギターを演奏しています。10 万円を手にしたら、ぜひ新しいギターを購入したいと思います。楽器は高価なので、なかなか新しい物を買うことはできません。ギターを弾くことで、私は音楽の世界に入り込むことができて、気分転換できます。私にとってギターは、オフタイムに切り替えるスイッチなのです。新しいギターを購入して、そのリフレッシュできる大切な時間をより充実させたいと思います。

☝ [この質問で伝えるべきこと]

● 何に 10 万円を使いたいかと、それに使う "理由" を具体的に話す。
　10 万円という現実にありうる金額なので、身近なものでも可能。
● お金の使い方を通じて、自分の価値観や考え方を伝える。

非常識な回答

　生活にあまり余裕がないので、5 万円は将来のために貯金をしたいと思います。そして、もう半分は、生活費の足しにします。私は普段、アルバイト代の大部分を生活費にまわしているので、5 万円もあればかなり楽できます。

✊ [ここがNG]

● あくまでも自分の価値観を話す。現実的すぎる使い方はNG。
● 理由もなく「貯金」と話すと、計画性に欠けて見えるので注意。

Q19 100万円あったらどのように使いますか?

常識的な回答

　　私が3年間アルバイトをしているカフェの改修工事に使いたいです。そのカフェは、女性のオーナーが一人で切り盛りしているカフェです。おしゃれで誰もがリラックスできるカフェなのですが、建物が古いからか、最近雨漏りがしたり、ドアが壊れたりして心配しています。お客様同様に、私にとっても心が落ち着く大事な場所なので、100万円があったら、ぜひカフェの工事費に使い、より快適な空間にしたいと思います。

[この質問で伝えるべきこと]

- 100万円という大金を手にして果たしたい、夢や目標を話す。
- どうしてそのことに使いたいのか、"理由"も明確に伝える。
- お金の使い方を通して、人間性や自分の特徴をアピールする。

非常識な回答

　　私は洋服が好きなので、思う存分買い物がしたいです。普段は毎月数枚しか新しい洋服が買えないのですが、100万円もあればかなり買えると思います。大好きなアウトレットモールに行き、リーズナブルな商品をたくさん買いたいです。

[ここがNG]

- ただ「何かを購入する」という内容では不十分。
- お金を使うことから、自分の人間性も伝えることが必要。

Q 20 あなたを飲み物に例えると何ですか?

常識的な回答

炭酸飲料です。炭酸飲料は、口に入れたときのはじけるような舌触りが特徴的です。私も、常にチャレンジ精神旺盛で、はじけていたいと思っています。私は、登山のサークルに所属しています。そのサークルでは、毎年新しい山への登山にチャレンジします。登山は過酷で苦しい時もありますが、私はまだ見ぬ山へのチャレンジに、いつも心を躍らせています。いつまでもこのような気持ちを忘れずに、常にはじけていたいです。

👆 [この質問で伝えるべきこと]

- 自分の特徴や良さを踏まえたうえで、飲み物に例える。
- その飲み物に例えた裏付けとして、具体的なエピソードを話す。
- 飲み物に対するイメージを瞬時に考え、想像力を働かせて答える。

非常識な回答

飲み物と言われてもよく分かりません…。飲み物に対してのイメージもそれほどないので、自分を例えることは難しいと思います。

👊 [ここがNG]

- どんな質問でも「分からない」という答えはできるだけ避ける。
- 飲み物に対するイメージは、自分なりの感覚でOK。

Q 21 当社を動物に例えると何だと思いますか?

常識的な回答

「チーター」です。御社は、創業から30年の間で、目覚ましい発展を遂げています。その発展のスピードや、現状にとどまらず、常に新しい事業を展開しようとする姿勢と熱意は、まさに最速と言われるチーターだと思います。私も、現状に満足せず常に先を見て、自分を成長させたいと思っています。御社のような志の高い会社であれば、このような自分の良さを発揮できると思うので、強く志望しています。

☝[この質問で伝えるべきこと]

● 具体的な動物と、その動物だと考える"理由"を明確に話す。
● 企業の特徴や良さに、自分の「志望動機」も盛り込んで話す。
● 表面的な内容にならないように「企業研究」は必須。

非常識な回答

会社案内のパンフレットに「積極的に新しいことにチャレンジする企業」とあったので、「イノシシ」だと思います。また、御社のイメージキャラクターが少しイノシシに似ていることからも、そう思いました。

📢[ここがNG]

● 会社案内などにある会社の特徴を述べるだけでは不十分。
● 企業研究をして、仕事内容や実績についても知っておく。

Q22 あなたを歴史上の人物に例えると誰ですか?

坂本龍馬です。坂本龍馬は、勝ち気な人物だと言われていますが、そうなる前には、臆病だったり、思い悩んだ経験もあったということを、本で読みました。私も、今は積極的にどんなことにも取り組む人間ですが、以前は引っ込み思案で、慣れないことには手を出さない一面がありました。しかし、ある失敗をしてからそれではいけないと思い、積極性を持つことができました。根本のところで、坂本龍馬と似ていると思います。

☞ [この質問で伝えるべきこと]

- 具体的に歴史上の人物の名前を出して、自分の"特徴"を伝える。
- 浅い知識では矛盾が生じてしまうこともあるので、自分がよく知っている歴史上の人物の名前を挙げる。

非常識な回答

よく分かりません。あまり歴史に詳しくないので、自分に当てはまる人が見つかりません。そういえば、顔は芥川龍之介に似ていると言われたことがあります。

[ここがNG]

- 「分からない」と言い切るのはNG。誰かしら分かる範囲で答える。
- 知識量も見られているので、有名な歴史上の人物などは知っておくべき。

面接当日の持ち物チェックリスト

☐ **会場地図**

企業の案内地図だけでは意外と迷うこともあります。必ず市販の地図も持っておきましょう。

☐ **会社案内・資料**

事前に送付されている場合は、持って行きましょう。

☐ **エントリーシート**

会場で提出する場合もあります。事前に送付済みであればOKです。

☐ **履歴書（予備の写真）**

いつ提出を求められてもいいように、余分に準備しましょう。

☐ **スケジュール帳**

就職活動の予定をいつでもチェックできるようにしておきましょう。

☐ **メモ帳・筆記用具**

説明会で聞いたポイントをメモに取るのは必須です。また、いつ書類への記入を求められるか分かりません。筆記用具は必ず携帯しましょう。

☐ **印鑑・学生証**

書類に捺印したり、身分を証明したりすることもあります。

□ 携帯電話

企業からの連絡に迅速に対応できるように。ただし会場に入る前には、電源をOFF、または、マナーモードにしましょう。

□ ハンカチ・ティッシュ

男性は意外と持っておらず、いざというときに困る人も。必ず持つクセをつけましょう。

□ 携帯用靴磨き

朝、家を出る前にどんなに磨いても、街中を歩くと靴は汚れるものです。できれば、持って行きましょう。

□ 折りたたみ傘

朝、天気予報をチェックして、ビショ濡れで会場入りなんてことにはならないようにしましょう。

□ 携帯電話の充電機

選考が進めば進むほど、企業からの連絡をいつでも取れる状態にしておきたいものです。

□ 整髪料

何かと動き回ると髪型が崩れることも。旅行用などの小さいものを携帯しておきましょう。

面接当日の流れ

7:00	起床	
	ニュースや新聞に目を通す	面接前は、最新のニュースは必ずチェック。上場企業であれば、株価も忘れずに見ておこう。
	忘れ物がないか確認	エントリーシートや印鑑など、事前に持参するように言われているものが揃っているか確認を。会場までの地図や、過去に集めたその企業の資料なども忘れずに。
	身だしなみ準備	▶髪型…寝ぐせやハネがないか。 ▶スーツ…シワはないか（肩、ひじ周り、ひざ裏、お尻などをチェック）、パンツの折り目はきちんとついているか、シミがないか、ほつれがないか、ホコリやフケがついていないか。 ▶靴…きちんと磨かれているか、かかとが磨り減っていないか。
9:15	出発	会場へは余裕を持って出掛けましょう。
	電車の中も有効活用	電車の中は、最後の確認タイム。志望動機や自己PRなどの復習を。
10:20	会場の場所を確認	まずは会場の場所を確認。早く着きすぎた場合は、近くのカフェなどで時間つぶしを。
	最後の身だしなみチェック	会社に足を踏み入れる前に、会場最寄りの駅のトイレなどで、身だしなみの最終チェック。

189

11:00	面接	
11:40	面接終了	
	先ほどの面接の様子をメモ	面接を受けた後は、聞かれた質問内容と回答した内容をメモ。あとあと面接を振り返る際に必須。
12:00	次の面接会場へ	就活がピークを迎えるころには、一日に2件の面接が入ったり、別の企業の説明会が入ったりすることも。
18:00	帰宅	
	明日のスケジュール確認	明日の面接、明日提出しなければいけない書類の有無などを確認。
	明日の持ち物の準備	翌日の朝に慌てないように、前日のうちに準備しておくこと。
	スーツと靴の手入れ	一日着たスーツは、湿気のある風呂場などに吊してシワ取りを。また、靴も磨いておこう。
	今日の面接の反省会を	面接で受けた質問や自分の回答を振り返り、頭の中を整理。
	メールや求人情報サイトのチェック	企業からの連絡などが入っているかも。メールや求人情報サイトのチェックは毎日行おう。

【著者紹介】才木弓加（さいき　ゆか）

大学で非常勤講師を務めるかたわら、自ら就職塾「才木塾」を主宰し、直接学生への指導にあたる。長年のキャリアに基づいた独自の指導方法は、徹底した自己分析を行うのが特徴。最新の就活トレンドに適応したオンライン就活の指導も行っている。著書に『内定獲得のメソッド　面接担当者の質問の意図』、『内定獲得のメソッド　面接　自己PR 志望動機』（以上、マイナビ出版オフィシャル就活 BOOK シリーズ）『就活　自己分析の「正解」がわかる本』（実務教育出版）、『サプライズ内定　なぜ彼らは大手企業に内定できたのか！』（角川マガジンズ）などがある。YouTube のマイナビ就活チャンネルでも動画を配信している。

https://www.youtube.com/channel/UCINp43IZKmeCyDdwvgesJHg

編　集	野々山幸・有竹亮介（有限会社 verb）
カバーデザイン	掛川竜
本文デザイン	タクトシステム株式会社

要点マスター！

面接＆エントリーシート

・・・・・・・・・・・・・・・・・・・・・・・・・

著　者	才木弓加
発行者	角竹輝紀
発行所	株式会社マイナビ出版

〒 101-0003
東京都千代田区一ツ橋 2-6-3 一ツ橋ビル 2F
電話　0480-38-6872（注文専用ダイヤル）
　　　03-3556-2731（販売部）
　　　03-3556-2735（編集部）
URL　https://book.mynavi.jp

印刷・製本	中央精版印刷株式会社

※定価はカバーに表示してあります。
※落丁本、乱丁本についてのお問い合わせは、TEL0480-38-6872（注文専用ダイヤル）、電子メール sas@mynavi.jp までお願いします。
※本書について質問等がございましたら、往復はがきまたは返信切手、返信用封筒を同封のうえ、㈱マイナビ出版編集第 2 部までお送りください。
※お電話でのご質問は受け付けておりません。
※本書を無断で複写・複製（コピー）することは著作権法上の例外を除いて禁じられています。